国家基本职业培训包（指南包 课程包）

客房服务员

人力资源社会保障部职业能力建设司编制

中国劳动社会保障出版社

图书在版编目(CIP)数据

客房服务员 / 人力资源社会保障部职业能力建设司编制. -- 北京：中国劳动社会保障出版社，2021

国家基本职业培训包：指南包　课程包

ISBN 978-7-5167-3174-1

Ⅰ. ①客…　Ⅱ. ①人…　Ⅲ. ①饭店－商业服务－职业培训－教材　Ⅳ. ①F719.2

中国版本图书馆 CIP 数据核字（2021）第 185090 号

中国劳动社会保障出版社出版发行

（北京市惠新东街 1 号　邮政编码：100029）

*

三河市华骏印务包装有限公司印刷装订　新华书店经销

880 毫米 ×1230 毫米　16 开本　7.75 印张　138 千字

2021 年 9 月第 1 版　2021 年 9 月第 1 次印刷

定价：24.00 元

读者服务部电话：（010）64929211/84209101/64921644

营销中心电话：（010）64962347

出版社网址：http://www.class.com.cn

编 制 说 明

为全面贯彻落实习近平总书记对技能人才工作的重要指示精神，进一步增强职业技能培训针对性和有效性，不断提高培训质量，培养壮大创新型、应用型、技能型人才队伍，按照《人力资源社会保障部办公厅关于推进职业培训包工作的通知》（人社厅发〔2016〕162号）的工作安排，我部持续组织开发培训需求量大的国家基本职业培训包，指导开发地方（行业）特色职业培训包，力争全面建立国家基本职业培训包制度，普遍应用职业培训包高质量开展各类职业培训。

职业培训包开发工作是新时期职业培训领域的一项重要基础性工作，旨在形成以综合职业能力培养为核心、以技能水平评价为导向，实现职业培训全过程管理的职业技能培训体系，这对于进一步提高培训质量，加强职业培训规范化、科学化管理，促进职业培训与就业需求的有效衔接，推行终身职业培训制度具有积极的作用。

国家基本职业培训包由指南包、课程包和资源包三个子包构成，是集培养目标、培训要求、培训内容、课程规范、考核大纲、教学资源等为一体的职业培训资源总和，是职业培训机构对劳动者开展政府补贴职业培训服务的工作规范和指南。

国家基本职业培训包遵循《职业培训包开发技术规程（试行）》的要求，依据国家职业技能标准和企业岗位技术规范，结合新经济、新产业、新职业发展编制，力求客观反映现阶段本职业（工种）的技术水平、对从业人员的要求和职业培训教学规律。

《国家基本职业培训包（指南包　课程包）——客房服务员》是在各有关专家的共同努力下完成的。参加编审的主要人员有汝勇健、匡家庆、钱文彦、耿芹、苏炜、徐慎行、杨结、操阳、王培来、陈媛，在编制过程中得到了南京旅游职业学院、广州南沙大酒店、上海旅游高等专科学校、南京工业大学浦江学院等有关单位的大力支持，在此一并致谢。

人力资源社会保障部职业能力建设司

目 录

1 指 南 包

2 课 程 包

1

指南包

1.1 职业培训包使用指南

1.1.1 职业培训包结构与内容

客房服务员职业培训包由指南包、课程包、资源包三个子包构成，结构如图 1 所示。

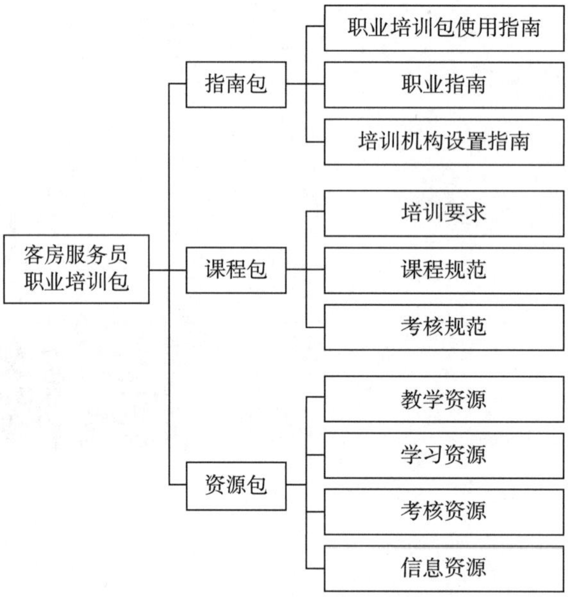

图 1 职业培训包结构图

指南包是指导培训机构、培训教师与学员开展职业培训的服务性内容总和，包括职业培训包使用指南、职业指南和培训机构设置指南。职业培训包使用指南是培训教师与学员了解职业培训包内容、选择培训课程、使用培训资源的说明性文本，职业指南是对职业信息的概述，培训机构设置指南是对培训机构开展职业培训提出的具体要求。

课程包是培训机构与教师实施职业培训、培训学员接受职业培训必须遵守的规范总和，包括培训要求、课程规范、考核规范。培训要求是参照国家职业技能标准、结合职业岗位工作实际需求制定的职业培训规范。课程规范是依据培训要求、结合职业培训教学规律，对课程设置、课堂学时、课程内容与培训方法等所做的统一规定；考核规范是针对课程规范中所规定的课程内容开发的，能够科学评价培训学员过程性学习效果与终结性培训成果的规则，是客观衡量培训学员职业基本素质与职业技能水平的标准，也是实施职业培训过程性与终结性考核的依据。

资源包是依据课程包要求，基于培训学员特征，遵循职业培训教学规律，应用先进职业培训课程理念，开发的多媒介、多形式的职业培训与考核资源总和，包括教学资源、学习资源、考核资源和信息资源。教学资源是为培训教师组织实施职业培训教学活动提供的相关资源；学习资源是为培训学员学习职业培训课程提供的相关资源；考核资源是为培训机构和教师实施职业培训考核提供的相关资源；信息资源是为培训教师和学员拓展视野提供的体现科技进步、职业发展的相关动态资源。

1.1.2 培训课程体系介绍

客房服务员职业培训课程体系依据职业技能等级分为职业基本素质培训课程、五级 / 初级职业技能培训课程、四级 / 中级职业技能培训课程和三级 / 高级职业技能培训课程，每一类课程有模块、课程和学习单元三个层级。客房服务员职业培训课程体系源自本职业培训包课程包中的课程规范，以学习单元为基础，形成职业层次清晰、内容丰富的“培训课程超市”。

客房服务员职业培训课程学时分配一览表

职业技能等级	课堂学时		其他学时	培训总学时
	职业基本素质培训课程	职业技能培训课程		
五级 / 初级	55	63	70	188
四级 / 中级	35	50	70	155
三级 / 高级	30	50	60	140

注：课堂学时是指培训机构开展的理论课程教学及实操课程教学的建议最低学时数，其中职业基本素质培训课程为理论知识培训课程，职业技能培训课程包含理论知识和操作技能培训课程。除课堂学时外，培训总学时还应包括岗位实习、现场观摩、自学自练等其他学时。

（1）职业基本素质培训课程

模块	课程	学习单元	课堂学时
1. 职业认知与职业道德	1–1 职业认知	职业认知	2
	1–2 职业道德基本知识	道德与职业道德	2
	1–3 职业守则	职业守则	2
2. 客房产品知识	2–1 客房产品的特性与要求	客房产品的特性与要求	2
	2–2 客房的种类与功能布局	客房的种类与功能布局	2
	2–3 客房设备与客房用品	（1）客房设备	1
		（2）客房用品	1

续表

模块	课程	学习单元	课堂学时
3．清洁剂和清洁器具知识	3–1　清洁剂	（1）清洁剂分类与用途	1
		（2）清洁剂储存、发放和使用	1
	3–2　清洁器具	清洁器具	1
4．面层材料维护保养知识	4–1　地毯与地面的维护保养	（1）地毯的维护保养	2
		（2）地面的维护保养	2
	4–2　墙面的维护保养	墙面的维护保养	2
5．安全生产与环境保护知识	5–1　安全操作规程	（1）安全管理	3
		（2）钥匙管理	1
	5–2　防火防盗知识	（1）防火知识	2
		（2）防盗知识	2
	5–3　绿色饭店与环保知识	绿色饭店与环保知识	2
6．服务心理学与沟通技巧	6–1　服务心理学	（1）客人心理需求	2
		（2）服务员心理素质	2
	6–2　沟通技巧	沟通技巧	4
7．客房常用英语	7–1　客房服务常用英语词汇	客房服务常用英语词汇	4
	7–2　客房服务常用英语 200 句	客房服务常用英语 200 句	4
	7–3　客房服务常用英语情景会话	客房服务常用英语情景会话	4
8．相关法律、法规知识	8–1　法律知识	法律知识	3
	8–2　法规知识	法规知识	1
课堂学时合计			55

注：本表所列为五级 / 初级职业基本素质培训课程，其他等级职业基本素质培训课程按“客房服务员职业培训课程学时分配一览表”中相应的课堂学时进行必要的调整。

（2）五级 / 初级职业技能培训课程

模块	课程	学习单元	课堂学时
1．客房清扫整理	1–1　清扫客房前的准备	（1）仪表仪容准备	1
		（2）客房状态了解核实	1
		（3）客房清扫顺序的安排	1
		（4）房务工作车的布置	2
		（5）清洁剂和清洁器具的准备	2

续表

模块	课程	学习单元	课堂学时
1．客房清扫整理	1–2 客房清扫整理	（1）进入客房程序	2
		（2）铺床操作程序	8
		（3）走客房清扫	4
		（4）住客房清扫	2
		（5）空房清扫整理	1
		（6）客房简单整理	1
		（7）客房维修问题的检查与报告	1
		（8）清扫客房中常见问题的处理	1
2．客房杀菌消毒	2–1 消毒剂配制	（1）百分比和份数比配制消毒剂	1
		（2）消毒剂（液）的配制	1
		（3）消毒剂的保管	1
	2–2 客房消毒	（1）客房常用的消毒方法	4
		（2）客房日常消毒	4
		（3）走客房的消毒	2
		（4）特殊情况客房的消毒	2
	2–3 客用品消毒	（1）杯具消毒及保管	4
		（2）电话机的清洁与消毒	1
		（3）遥控器的清洁与消毒	1
3．客房对客服务	3–1 楼层迎宾服务	（1）客人抵店前的准备工作	1
		（2）客人抵店时的迎接服务	1
	3–2 住店日常服务	（1）茶水、饮料服务	2
		（2）微型酒吧服务	1
		（3）开夜床服务	1
		（4）洗衣服务	1
		（5）擦鞋服务	1
		（6）租借物品服务	1
		（7）加床服务	1

续表

模块	课程	学习单元	课堂学时
3．客房对客服务	3–3　送客服务	（1）客人离店前的准备工作	1
		（2）散客和团队客人送别服务	1
		（3）走客房的检查	2
		（4）客人遗留物品处理	1
课堂学时合计			63

（3）四级 / 中级职业技能培训课程

模块	课程	学习单元	课堂学时
1．客房清扫整理	1–1　客房计划卫生	（1）客房计划卫生的安排	2
		（2）客房计划卫生的实施	4
	1–2　楼层公共区域清洁保养	（1）楼层走廊的清洁保养与绿化养护	3
		（2）楼层工作间的清洁保养	1
		（3）楼层消毒间的清洁保养	1
		（4）楼层安全通道的清洁保养	1
2．客房对客服务	2–1　代办服务	（1）客人委托代办服务	1
		（2）客人修理物品服务	1
		（3）客人递送转交物品服务	1
	2–2　针对性服务	（1）针对性服务概述	1
		（2）贵宾针对性服务	2
		（3）商务客人针对性服务	2
		（4）长住客针对性服务	2
		（5）常客针对性服务	2
		（6）亲子家庭客人针对性服务	2
		（7）网络订房（OTA）客人针对性服务	2
		（8）团队客人针对性服务	2

续表

模块	课程	学习单元	课堂学时
2．客房对客服务	2–2　针对性服务	（9）其他类型客人针对性服务	2
		（10）客人相关信息的提供	1
	2–3　会议布置与服务	（1）小型会议室的布置	2
		（2）会议设备和用品的准备	1
		（3）会议服务	2
		（4）饮品服务	1
	2–4　特殊情况处理	（1）“请勿打扰”房的处理	1
		（2）客人报失的处理	1
		（3）客人要求开门的处理	1
		（4）客人携带违禁品的处理	1
		（5）客房异常情况的处理	1
		（6）客房报警的处理	1
3．客用品管理	3–1　楼层库房管理	（1）楼层库房物品保管	1
		（2）楼层库房物品盘点	1
		（3）物品报损	1
	3–2　客用品配备和领发	（1）客房客用品的配备	1
		（2）客房客用品的领发	1
课堂学时合计			50

（4）三级 / 高级职业技能培训课程

模块	课程	学习单元	课堂学时
1．客房布置	1–1　贵宾房布置	（1）贵宾房布置概述	2
		（2）贵宾房布置操作	2
	1–2　长包房布置	（1）公寓长包房布置	1
		（2）办公长包房布置	1
	1–3　特色客房布置	（1）特色客房的介绍	1
		（2）婚房的布置	1
		（3）女性客房的布置	1
		（4）儿童客房的布置	2

续表

模块	课程	学习单元	课堂学时
2．客房对客服务	2-1　专属客房与管家服务	（1）专属客房	2
		（2）管家服务	4
	2-2　特殊客人服务	（1）残障客人的服务	1
		（2）伤病客人的服务	1
		（3）醉酒客人的服务	1
		（4）特殊客人信息提供	1
	2-3　疑难问题处理	（1）客人投诉的受理	2
		（2）物品损坏事宜的处理	1
		（3）客房状态差异等情况的处理	1
		（4）突发事件的处理	1
3．客房楼面管理	3-1　客房检查督导	（1）客房清洁保养质量检查	4
		（2）现场督导管理	4
	3-2　客房物资管理	（1）客房设备管理	2
		（2）客房客用品管理	2
	3-3　员工培训	（1）培训计划的制订	2
		（2）培训方案的编写	2
		（3）专业理论培训的实施	4
		（4）专业技能培训的实施	4
课堂学时合计			50

1.1.3　培训课程选择指导

职业基本素质培训课程为必修课程，相当于本职业的入门课程。各级别职业技能培训课程由培训机构教师根据培训学员实际情况，遵循高级别涵盖低级别的原则进行选择。

原则上，初入职的培训学员应学习职业基本素质培训课程和五级／初级职业技能培训课程的全部内容，有职业技能等级提升需求的培训学员，可按照国家职业技能标准的“鉴定要求”，对照自身需求选择更高等级的培训课程。

具有一定从业经验、无职业技能等级晋升要求的培训学员，可根据自身实际情况自主选择本职业培训课程体系。具体方法为：(1) 选择课程模块；(2) 在模块中筛选课程；(3) 在课程中筛选学习单元；(4) 组合成本次培训的课程内容。

培训教师可以根据以上方法对培训学员进行单独指导。对于订单培训，培训教师可以按照上述方法，对照订单需求进行培训课程的选择。

1.2 职业指南

1.2.1 职业描述

客房服务员是指在饭店、宾馆、旅游客船、民宿等场所清洁和整理客房，并提供客房服务的人员。

1.2.2 职业培训对象

客房服务员职业培训的对象主要包括：城乡未继续升学的应届初高中毕业生、农村转移就业劳动者、城镇登记失业人员、转岗转业人员、退役军人、住宿业在职职工和高校毕业生等各类有培训需求的人员。

1.2.3 就业前景

客房服务员的工作岗位有：星级饭店、宾馆、旅游客船、民宿等住宿业客房服务员、管家及民宿店长等，未来可晋升为客房领班、客房主管、客房部经理、房务部总监等职位。

1.3 培训机构设置指南

1.3.1 师资配备要求

(1) 培训教师任职基本条件

培训五级 / 初级、四级 / 中级、三级 / 高级服务员的教师应具有本职业高级职业资格证书 3 年以上或相关专业（普通高校本科专业目录 2012 版：酒店管理、旅游管理）中级及以上专业技术职务任职资格。

（2）培训教师数量要求（以 30 人培训班为基准）

1）理论课教师：1 人以上；培训规模超过 30 人的，按教师与学员之比不低于 1∶30 配备教师。

2）实习指导教师：2 人以上；培训规模超过 30 人的，按教师与学员之比不低于 1∶15 配备教师。

1.3.2 培训场所设备配置要求

培训场所设备配置要求如下（以 30 人培训班为基准）。

（1）理论知识培训场所设备配置要求：60～80 平方米标准教室，多媒体教学设备（计算机、投影仪、幕布或显示屏、网络接入设备、音响设备）、黑板、30 套以上桌椅，符合照明、通风、安全等相关规定。

（2）操作技能培训场所设备配置要求：实习工位充足，设备设施配套齐全，符合环保、安全、卫生、消防、通风和照明等相关规定。客房服务员五级 / 初级、四级 / 中级、三级 / 高级客房服务员培训应配备楼层工作间、大床房与双床房三个操作场所或功能区；客房服务员五级 / 初级培训场所应配置客房铺床练习、消毒间两个操作场所或功能区。客房服务员四级 / 中级培训场所应配置小型会议室操作场所或功能区。

操作技能培训相关用具、设备及其他物品、材料等配置要求如下（按标准培训班 30 人配备）。

序号	用具、设备及其他物品、材料	数量或规格说明	等级		
			五级 / 初级	四级 / 中级	三级 / 高级
1	单人床（床架及席梦思床垫）	10 张	√		
2	双人床（床架及席梦思床垫）	2 张	√	√	√
3	床单	与床铺配套	√	√	√
4	被套	与床铺配套	√	√	√
5	被芯	与床铺配套	√	√	√
6	枕套	与床铺配套	√	√	√
7	枕芯	与床铺配套	√	√	√
8	席梦思保护垫	2 条	√	√	√

续表

序号	用具、设备及其他物品、材料	数量或规格说明	等级		
			五级 / 初级	四级 / 中级	三级 / 高级
9	床尾垫（床饰巾）	2 条	√		
10	毛毯（单人床）	2 条	√		
11	床罩（单人床）	2 条	√		
12	布草车	2 辆	√		
13	杯具小推车	2 辆	√	√	
14	房务工作车	2 辆	√	√	
15	房务工作车配套物品	2 套	√	√	
16	清洁篮	2 只	√	√	
17	吸尘器	2 台	√	√	
18	拖把（地拖）	2 把	√	√	
19	玻璃刮	5 把	√	√	
20	玻璃清洁剂	2 瓶	√	√	
21	空气清新剂	2 罐	√	√	
22	马桶刷	5 把	√	√	
23	浴缸刷	5 把	√	√	
24	洁厕灵	2 瓶	√	√	
25	多功能清洁剂	2 瓶	√	√	
26	地毯除渍剂	2 瓶	√	√	
27	软毛刷	2 把	√	√	
28	抹布	40 条（分色）	√	√	
29	消毒柜	1 台	√	√	
30	杯具存放柜	1 台	√	√	
31	量桶	2 个	√	√	
32	量杯	2 只	√	√	
33	“84”消毒剂	2 瓶	√	√	
34	氯亚明消毒剂	2 瓶	√	√	
35	消毒片	2 盒	√	√	
36	杯子刷	5 把	√	√	

续表

序号	用具、设备及其他物品、材料	数量或规格说明	等级		
			五级 / 初级	四级 / 中级	三级 / 高级
37	专用抹布（擦拭杯具）	10 条	√	√	
38	玻璃水杯	20 个	√	√	√
39	盖杯	20 个	√	√	√
40	杯具周转筐	4 只	√	√	√
41	电话机	5 部	√		
42	遥控器	5 个	√		
43	防护手套	40 副	√	√	√
44	口罩	40 只	√	√	√
45	医用酒精	2 瓶	√	√	√
46	电热水壶	2 个	√	√	√
47	茶叶（袋装）	若干	√	√	√
48	茶叶（散装）	半斤	√	√	√
49	饮料（易拉罐）	若干	√	√	√
50	鞋油（白色）	2 罐	√	√	√
51	鞋油（黑色）	2 罐	√	√	√
52	鞋刷	10 把	√	√	√
53	擦鞋布	10 块	√	√	√
54	擦鞋篮	2 只	√	√	√
55	折叠床（加床）	1 张	√	√	√
56	婴儿床	1 张	√	√	√
57	婴儿床配套床上用品	1 套	√	√	√
58	家具蜡	2 罐		√	
59	地毯去渍剂	2 罐	√	√	
60	个性化服务用品若干（如毛绒玩具等）	若干		√	√
61	鲜花花枝	若干		√	√
62	花瓶（大、中、小）	各 2 只		√	√
63	花盆、花插	4 套		√	√
64	果盘	5 个		√	√

续表

序号	用具、设备及其他物品、材料	数量或规格说明	等级		
			五级 / 初级	四级 / 中级	三级 / 高级
65	果篮	5 只		√	√
66	水果刀	5 把		√	√
67	水果叉	5 把		√	√
68	洗手盅	5 个		√	√
69	水果（可用塑料水果）	若干		√	√
70	毛巾托	5 个		√	√
71	托盘	5 个		√	√
72	小方巾	10 条		√	√
73	绿色盆栽植物	3～5 个品种		√	√
74	酒店纪念品	若干		√	√
75	工艺品	若干		√	√
76	投影仪	1 台		√	√
77	幕布	1 块		√	√
78	话筒、扩音器	1 套		√	√
79	白板	1 块		√	√
80	白板笔（黑色）	10 支		√	√
81	白板笔（红色）	10 支		√	√
82	便笺纸	若干		√	
83	铅笔或圆珠笔	20 支		√	
84	姓名签	2 本		√	

1.3.3 教学资料配备要求

（1）培训规范：《客房服务员国家职业技能标准》《客房服务员职业基本素质培训要求》《客房服务员职业技能培训要求》《客房服务员职业基本素质培训课程规范》《客房服务员职业技能培训课程规范》《客房服务员职业基本素质培训考核规范》《客房服务员职业技能培训理论知识考核规范》《客房服务员职业技能培训操作技能考核规范》。

（2）教学资源、教材教辅、网络资源等内容必须符合“（1）培训规范”。

1.3.4 管理人员配备要求

（1）专职校长：1 人，应具有大专及以上文化程度、中级及以上专业技术职务任职资格，从事职业教育及教学管理 5 年以上，熟悉职业培训的有关法律法规。

（2）教学管理人员：1 人以上，专职不少于 1 人；应具有大专及以上文化程度、中级及以上专业技术职务任职资格，从事职业教育及教学管理 5 年以上，具有丰富的教学管理经验。

1.3.5 管理制度要求

培训机构应建立健全完备的管理制度，包括办学章程与发展规划、教学管理、教师管理、学员管理、财务管理、设备管理、安全管理等制度。

2

课程包

2.1 培训要求

2.1.1 职业基本素质培训要求

职业基本素质模块	培训内容	培训细目
1. 职业认知与职业道德	1-1 职业认知	(1) 客房服务职业认知 (2) 客房服务员岗位职责
	1-2 职业道德基本知识	(1) 道德与职业道德 (2) 职业道德的基本原则及要求 (3) 良好职业道德的养成
	1-3 职业守则	(1) 职业守则的基本要求 (2) 职业守则的具体要求
2. 客房产品知识	2-1 客房产品的特性与要求	(1) 客房产品的特性 (2) 客房产品的要求
	2-2 客房的种类与功能布局	(1) 客房的种类 (2) 客房的功能布局
	2-3 客房设备与客房用品	(1) 客房设备 (2) 客房用品
3. 清洁剂和清洁器具知识	3-1 清洁剂	(1) 清洁剂分类及用途 (2) 清洁剂的储存 (3) 清洁剂的发放 (4) 清洁剂的使用
	3-2 清洁器具	(1) 清洁器具的种类和用途 (2) 清洁器具的使用和维护保养
4. 面层材料维护保养知识	4-1 地毯与地面的维护保养	(1) 地毯的维护保养 (2) 地面的维护保养
	4-2 墙面的维护保养	(1) 石材墙面的维护保养 (2) 木质墙面的维护保养 (3) 墙纸墙面的维护保养 (4) 软墙面的维护保养 (5) 其他材质墙面的维护保养

续表

职业基本素质模块	培训内容	培训细目
5．安全生产与环境保护知识	5–1　安全操作规程	（1）安全规章制度 （2）安全设施 （3）安全操作 （4）钥匙管理
	5–2　防火防盗知识	（1）防火知识 （2）防盗知识
	5–3　绿色饭店与环保知识	（1）绿色饭店定义 （2）绿色饭店标准 （3）绿色饭店建立的基本原则
6．服务心理学与沟通技巧	6–1　服务心理学	（1）客人心理需求分析 （2）客人客房服务心理需求及服务策略 （3）服务员心理素质要求 （4）服务员心理素质培养
	6–2　沟通技巧	（1）沟通基本原理 （2）有效沟通技巧 （3）对客沟通技巧
7．客房常用英语	7–1　客房服务常用英语词汇	（1）客房种类 （2）客房状态 （3）客房家具设备 （4）客房用品 （5）清洁设备及用品 （6）其他设备及用品 （7）对客服务
	7–2　客房服务常用英语 200 句	（1）问候欢迎 （2）自我介绍 （3）节日问候 （4）征求客人意见 （5）致歉语 （6）客房服务
	7–3　客房服务常用英语情景会话	（1）新客入住 （2）对客服务 （3）客房清扫 （4）离店服务

续表

职业基本素质模块	培训内容	培训细目
8．相关法律、法规知识	8–1　法律知识	（1）《中华人民共和国劳动合同法》相关知识 （2）《中华人民共和国消防法》相关知识 （3）《中华人民共和国消费者权益保护法》相关知识 （4）《中华人民共和国治安管理处罚法》相关知识
	8–2　法规知识	（1）《旅游安全管理办法》相关知识 （2）《旅馆业治安管理办法》相关知识

2.1.2　五级 / 初级职业技能培训要求

职业功能模块	培训内容	技能目标	培训细目
1．客房清扫整理	1–1　清扫客房前的准备	1–1–1　能进行仪表仪容准备	（1）个人卫生的整理 （2）工服的规范穿戴 （3）仪表仪容检查
		1–1–2　能了解核实客房状态	（1）接受当班工作任务 （2）客房状态的核实
		1–1–3　能安排客房清扫顺序	（1）旅游旺季客房清扫顺序安排 （2）旅游淡季客房清扫顺序安排 （3）长包房等客房清扫安排
		1–1–4　能布置房务工作车	（1）房务工作车物品准备 （2）房务工作车物品摆放
		1–1–5　能备齐清洁剂和清洁器具	（1）清洁剂的配备与使用 （2）清洁器具的配备与使用
	1–2　客房清扫整理	1–2–1　能按程序进入客房	（1）进入客房操作 （2）常见问题的处理
		1–2–2　能按程序铺床	（1）中式铺床操作 （2）西式铺床操作
		1–2–3　能清扫走客房	（1）走客房卧室清扫整理 （2）走客房卫生间清扫整理
		1–2–4　能清扫住客房	（1）住客房卧室清扫 （2）住客房卫生间清扫

续表

职业功能模块	培训内容	技能目标	培训细目
1．客房清扫整理	1–2　客房清扫整理	1–2–5　能整理空房	（1）空房卧室整理 （2）空房卫生间整理 （3）空房设备用品检查
		1–2–6　能简单整理客房（客房小整理）	（1）客房卧室简单整理 （2）客房卫生间简单整理
		1–2–7　能检查与报告客房维修问题	（1）客房维修问题的检查 （2）客房维修问题的报告
		1–2–8　能处理客房清扫中常见的问题	（1）清扫过程中客人回房的处理 （2）房内送餐服务餐具的收取 （3）客人自带、外卖食品的处理 （4）房内有现金或贵重物品的处理 （5）污染布草的处理
2．客房杀菌消毒	2–1　消毒剂配制	2–1–1　能按百分比和份数比配制消毒剂	（1）客房消毒剂的选用 （2）百分比配制消毒剂 （3）份数比配制消毒剂
		2–1–2　能配置常用消毒剂（液）	（1）“84”消毒剂的配制 （2）氯亚明消毒剂的配制 （3）消毒片的使用
		2–1–3　能保管消毒剂	（1）储存柜的准备 （2）消毒剂的存放
	2–2　客房消毒	2–2–1　能使用常用消毒方法进行消毒	（1）通风采光 （2）物理消毒 （3）化学消毒
		2–2–2　能对客房进行日常消毒	（1）客房卧室日常消毒 （2）客房卫生间日常消毒
		2–2–3　能对走客房进行消毒	（1）走客房卧室的消毒 （2）走客房卫生间的消毒
		2–2–4　能对特殊情况的客房进行消毒	（1）宠物停留客房的消毒 （2）生病客人客房的消毒 （3）死亡客人客房的消毒 （4）公共卫生事件突发期间客房的防疫

续表

职业功能模块	培训内容	技能目标	培训细目
2．客房杀菌消毒	2–3 客用品消毒	2–3–1 能对杯具进行消毒及保管	（1）杯具的消毒 （2）杯具的保管
		2–3–2 能对电话机进行消毒	（1）电话机的清洁 （2）电话机的擦拭消毒
		2–3–3 能对遥控器机进行消毒	（1）遥控器的清洁 （2）消毒剂消毒 （3）紫外线消毒
3．客房对客服务	3–1 楼层迎宾服务	3–1–1 能进行客人抵店前的准备工作	（1）了解客情及饭店接待规格 （2）检查、布置客房
		3–1–2 能提供客人抵店时的迎接服务	（1）散客的迎接服务 （2）团队客人的迎接服务
	3–2 住店日常服务	3–2–1 能提供茶水、饮料服务	（1）送茶服务 （2）饮料服务
		3–2–2 能提供微型酒吧服务	（1）微型酒吧物品配备 （2）微型酒吧检查
		3–2–3 能提供开夜床服务	（1）整理客房 （2）开夜床操作 （3）补充客用品
		3–2–4 能提供洗衣服务	（1）客衣的收取 （2）客衣的返送
		3–2–5 能提供擦鞋服务	（1）皮鞋的收取与皮质的识别 （2）不同皮质皮鞋的擦拭
		3–2–6 能提供租借物品服务	（1）租用物品服务 （2）借用物品服务
		3–2–7 能提供加床服务	（1）加床物品准备 （2）加床服务操作
	3–3 送客服务	3–3–1 能进行客人离店前的准备工作	（1）客房消费账单检查 （2）客人委托代办事项落实检查 （3）客人意见征求
		3–3–2 能提供散客和团队客人送别服务	（1）散客送别服务 （2）团队客人送别服务
		3–3–3 能检查走客房	（1）走客房检查项目 （2）走客房检查操作
		3–3–4 能报告客人遗留物品	（1）客人遗留物品的分类 （2）客人遗留物品的处理

2.1.3　四级 / 中级职业技能培训要求

职业功能模块	培训内容	技能目标	培训细目
1．客房清扫整理	1–1　客房计划卫生	1–1–1　能安排客房计划卫生	（1）客房计划卫生项目的确定 （2）客房计划卫生工作的安排
		1–1–2　能进行客房计划卫生工作	（1）家具的清洁保养 （2）电器设备的清洁保养 （3）卫生洁具的清洁保养 （4）金属制品的清洁保养 （5）其他物件的清洁保养 （6）防治虫害
	1–2　楼层公共区域清洁保养	1–2–1　能清洁保养楼层走廊	（1）楼层走廊的清洁保养 （2）花卉、绿植的养护
		1–2–2　能清洁保养楼层工作间	（1）楼层工作间的空间布局 （2）楼层工作间的清洁保养
		1–2–3　能清洁保养楼层消毒间	（1）楼层消毒间的布置 （2）楼层消毒间的清洁保养
		1–2–4　能清洁保养楼层安全通道	（1）楼层安全通道清 / 楼梯的清洁保养 （2）防火门及安全器材的检查与清洁保养
2．客房对客服务	2–1　代办服务	2–1–1　能提供客人委托代办服务	（1）客人委托代办服务项目 （2）客人委托代办服务制度 （3）客人委托代办服务流程
		2–1–2　能提供客人修理物品服务	（1）客人修理物品的受理 （2）客人修理物品的返回
		2–1–3　能提供客人递送转交物品服务	（1）客人转交物品服务 （2）客人遗留物品的递送
	2–2　针对性服务	2–2–1　能提供针对性服务	（1）针对性服务的认知 （2）针对性服务的提供
		2–2–2　能为贵宾提供针对性服务	（1）贵宾的划分 （2）贵宾服务操作
		2–2–3　能为商务客人提供针对性服务	（1）商务客人客房服务需求分析 （2）商务客人服务操作
		2–2–4　能为长住客提供针对性服务	（1）长住客客房服务需求分析 （2）长住客客房服务操作

续表

职业功能模块	培训内容	技能目标	培训细目
2．客房对客服务	2-2　针对性服务	2-2-5　能为常客提供针对性服务	（1）常客客房服务需求分析 （2）常客客房服务操作
		2-2-6　能为亲子家庭提供针对性服务	（1）亲子家庭客房服务需求分析 （2）亲子家庭客房服务操作
		2-2-7　能为网络订房（OTA）客人提供针对性服务	（1）网络订房（OTA）客人客房服务需求分析 （2）网络订房（OTA）客人客房服务操作
		2-2-8　能为团队客人提供针对性服务	（1）会议客人客房服务 （2）旅游团队客人客房服务
		2-2-9　能为其他类型客人提供针对性服务	（1）外宾客房服务 （2）老年客人客房服务
		2-2-10　能向有关部门提供客人相关信息	（1）客人信息的收集与反馈 （2）客史档案的建立与利用
	2-3　会议布置与服务	2-3-1　能布置20人以内的小型会议室	（1）会议信息核实 （2）小型会议室的布置操作
		2-3-2　能准备会议所需设备和用品	（1）会议设备的配备 （2）会议用品的配备 （3）会场设备的使用与维护保养
		2-3-3　能提供会议服务	（1）会议服务礼仪 （2）会议服务操作
		2-3-4　能提供饮品服务	（1）会议饮品准备 （2）会议饮品服务操作
	2-4　特殊情况处理	2-4-1　能处理“请勿打扰”房	（1）“请勿打扰”房信息确认 （2）“请勿打扰”房处理流程
		2-4-2　能处理客人报失事宜	（1）客人报失信息核实 （2）客人报失处理流程
		2-4-3　能处理客人要求开门服务事宜	（1）住店客人要求开门的处理 （2）非住客要求开门的处理
		2-4-4　能处理客人携带违禁品事宜	（1）客人携带违禁品的核实 （2）违禁品的处理流程
		2-4-5　能处理客房有赌博、争吵等异常情况	（1）客房有赌博情况的处理 （2）客房有争吵情况的处理 （3）客房门锁等故障的处理 （4）客房保险箱故障的处理

续表

职业功能模块	培训内容	技能目标	培训细目
2. 客房对客服务	2-4 特殊情况处理	2-4-6 能及时报警	(1) 报警信息核实 (2) 火情报警处理 (3) 案情报警处理 (4) 爆炸及可疑爆炸物报警处理 (5) 其他特殊情况报警处理
3. 客用品管理	3-1 楼层库房管理	3-1-1 能保管楼层库房物品	(1) 楼层库房库存条件 (2) 楼层库房存储量制定
		3-1-2 能进行楼层库房物品盘点工作	(1) 楼层库房物品检查 (2) 楼层客房物品盘点操作
		3-1-3 能进行楼层库房物品报损工作	(1) 库房物品报损确认 (2) 库房物品报损程序
	3-2 客用品配备和领发	3-2-1 能配备客房客用品	(1) 客房客用品配备定额 (2) 客房客用品的配备操作
		3-2-2 能领发客房客用品	(1) 客房客用品的申领 (2) 客房客用品的发放

2.1.4 三级 / 高级职业技能培训要求

职业功能模块	培训内容	技能目标	培训细目
1. 客房布置	1-1 贵宾房布置	能布置与检查贵宾房	(1) 贵宾房的布置 (2) 贵客房的检查
	1-2 长包房布置	1-2-1 能布置公寓长包房	(1) 公寓长住客需求分析 (2) 公寓长包房布置
		1-2-2 能布置办公长包房	(1) 办公长住客需求分析 (2) 办公长包房布置
	1-3 特色客房布置	1-3-1 能向客人介绍特色客房	(1) 客房特色的把握 (2) 特色客房介绍
		1-3-2 能布置婚房	婚房布置
		1-3-3 能布置女性客房	(1) 女性客房需求分析 (2) 女性客房布置操作
		1-3-4 能布置儿童客房	(1) 儿童客房需求分析 (2) 儿童客房布置操作

续表

职业功能模块	培训内容	技能目标	培训细目
2．客房对客服务	2-1　专属客房与管家服务	2-1-1　能准备专属客房	（1）客人信息的了解 （2）专属客房的布置
		2-1-2　能提供管家服务	（1）管家迎客服务 （2）管家住店服务 （3）管家送客服务
	2-2　特殊客人服务	2-2-1　能提供残障客人服务	（1）残障客人客房服务需求分析 （2）残障客人客房服务操作
		2-2-2　能提供伤病客人服务	（1）受伤客人的服务 （2）生病客人的服务
		2-2-3　能提供醉酒客人服务	（1）客人醉酒的分类 （2）醉酒客人服务操作
		2-2-4　能向相关部门提供特殊客人信息	（1）特殊客人信息的收集 （2）特殊客人信息的报告
	2-3　疑难问题处理	2-3-1　能受理客人投诉	（1）客人投诉心理分析 （2）客房常见投诉问题分析 （3）客人投诉的处理
		2-3-2　能受理损坏物品事宜	（1）客人损坏客房物品的处理 （2）员工损坏客人物品的处理
		2-3-3　能处理房态差异等情况	（1）客房状态的检查核实 （2）差异房的处理 （3）无行李房的处理 （4）外宿房的处理
		2-3-4　能对突发事件采取有效措施	（1）停电、停水的应急处理 （2）电梯故障服务 （3）水管漏水、爆裂的应急处理 （4）玻璃爆裂的应急处理 （5）打架、斗殴等突发事件的应急处理
3．客房楼面管理	3-1　客房检查督导	3-1-1　能检查客房清洁保养质量	（1）客房清洁保养质量标准 （2）客房清洁保养质量检查操作
		3-1-2　能进行现场督导	（1）现场督导检查 （2）现场示范指导

续表

职业功能模块	培训内容	技能目标	培训细目
3．客房楼面管理	3-2　客房物资管理	3-2-1　能管理客房设备	（1）客房设备的资产管理 （2）客房设备的日常管理
		3-2-2　能管理客房客用品	（1）客房客用品的定额管理 （2）客房客用品的日常管理
	3-3　员工培训	3-3-1　能制订四级 / 中级工及以下级别人员培训计划	（1）五级 / 初级工培训计划的制订 （2）四级 / 中级工培训计划的制订
		3-3-2　能编写四级 / 中级工及以下级别人员培训方案	（1）培训方案组成要素分析 （2）四级 / 中级工及以下级别人员培训方案编写
		3-3-3　能进行四级 / 中级工及以下级别人员专业理论培训	（1）培训教案的编写 （2）四级 / 中级工及以下级别人员专业理论培训的实施
		3-3-4　能进行四级 / 中级工及以下级别人员专业技能培训	（1）技能指导书的编写 （2）四级 / 中级工及以下级别人员专业技能培训的实施

2.2　课程规范

2.2.1　职业基本素质培训课程规范

模块	课程	学习单元	课程内容	培训建议	课堂学时
1．职业认知与职业道德	1-1　职业认知	职业认知	1）客房服务职业认知 ①职业定义 ②职业简介	（1）方法：讲授法、案例教学法 （2）重点：客房服务员岗位职责 （3）难点：客房服务职业认知	2
			2）客房服务员岗位职责 ①基本职责 ②工作内容		

续表

模块	课程	学习单元	课程内容	培训建议	课堂学时
1．职业认知与职业道德	1–2　职业道德基本知识	道德与职业道德	1）道德与职业道德 ①道德的内涵 ②职业道德及其特点	（1）方法：讲授法、案例教学法 （2）重点与难点：良好职业道德的养成	2
			2）职业道德的基本原则及要求 ①职业道德的基本原则 ②职业道德的基本要求		
			3）良好职业道德的养成 ①提高职业认知 ②培养职业情感 ③磨炼职业意志 ④坚定职业信念 ⑤养成良好的职业行为和习惯		
	1–3　职业守则	职业守则	1）职业守则的基本要求	（1）方法：讲授法、案例教学法 （2）重点：职业守则的具体要求 （3）难点：职业守则的基本要求	2
			2）职业守则的具体要求 ①热情友好，宾客至上 ②遵纪守法，诚实守信 ③文明礼貌，优质服务 ④团结合作，顾全大局 ⑤安全操作，注重环保		
2．客房产品知识	2–1　客房产品的特性与要求	客房产品的特性与要求	1）客房产品的特性 ①所有权相对稳定性 ②生产与消费同步性 ③不可储存性 ④季节性 ⑤质量不稳定性 ⑥服务随机性	（1）方法：讲授法、案例教学法 （2）重点：客房产品的要求	2

续表

模块	课程	学习单元	课程内容	培训建议	课堂学时
2．客房产品知识	2–1　客房产品的特性与要求	客房产品的特性与要求	2）客房产品的要求 ①安全 ②清洁卫生 ③舒适方便 ④具有特色	（3）难点：客房产品的特性	
	2–2　客房的种类与功能布局	客房的种类与功能布局	1）客房的种类 ①单人房 ②大床房 ③双床房 ④双套间 ⑤多套间 ⑥组合套房 ⑦总统套房	（1）方法：讲授法、参观法 （2）重点：客房的种类 （3）难点：客房的功能布局	2
			2）客房的功能布局 ①睡眠区域 ②工作区域 ③起居区域 ④房内门廊区域 ⑤盥洗区域（卫生间）		
	2–3　客房设备与客房用品	（1）客房设备	1）客房设备的配备 ①电器 ②家具 ③卫生洁具 ④安全装置 ⑤地毯电器	（1）方法：讲授法、参观法 （2）重点：客房设备的配备 （3）难点：客房设备的发展趋势	1
			2）客房设备的发展趋势 ①智能化 ②绿色化 ③个性化 ④更具安全性		
		（2）客房用品	1）客房用品的分类 ①客用固定用品 ②客用消耗用品	（1）方法：讲授法、参观法 （2）重点与难点：客房用品的配备	1
			2）客房用品的配备 ①卧室客用品的配备 ②卫生间客用品的配备		

续表

模块	课程	学习单元	课程内容	培训建议	课堂学时
3．清洁剂和清洁器具知识	3-1　清洁剂	（1）清洁剂分类与用途	1）酸性清洁剂	（1）方法：讲授法、演示法 （2）重点与难点：清洁剂的用途	1
			2）中性清洁剂		
			3）碱性清洁剂		
			4）溶剂		
			5）抛光剂		
			6）空气清新剂		
			7）石材清洁剂		
		（2）清洁剂储存、发放和使用	1）清洁剂的储存	（1）方法：讲授法、案例教学法 （2）重点：清洁剂的使用 （3）难点：清洁剂的发放	1
			2）清洁剂的发放		
			3）清洁剂的使用		
	3-2　清洁器具	清洁器具	1）清洁器具的种类和用途 ①一般清洁器具 ②电动清洁器具	（1）方法：讲授法、演示法 （2）重点：清洁器具的使用 （3）难点：清洁器具的维护保养	1
			2）清洁器具的使用和维护保养 ①清洁器具的使用 ②清洁器具的维护保养		
4．面层材料维护保养知识	4-1　地毯与地面的维护保养	（1）地毯的维护保养	1）地毯的分类 ①羊毛地毯 ②混纺地毯 ③化纤地毯	（1）方法：讲授法、演示法 （2）重点：地毯维护保养方法 （3）难点：地毯的分类	2
			2）地毯维护保养方法 ①预防性保养 ②吸尘 ③除渍 ④地毯日常清洗 ⑤地毯彻底清洗		

续表

模块	课程	学习单元	课程内容	培训建议	课堂学时
4．面层材料维护保养知识	4-1　地毯与地面的维护保养	（2）地面的维护保养	1）石材地面的维护保养 ①大理石地面的维护保养 ②花岗岩地面的维护保养 ③水磨石地面的维护保养 2）木质地面的维护保养 ①天然木质地面的维护保养 ②复合木地面的维护保养 3）其他材料地面的维护保养	（1）方法：讲授法、演示法 （2）重点与难点：地面的维护保养	2
	4-2　墙面的维护保养	墙面的维护保养	1）石材墙面的维护保养 ①大厅石材墙面的维护保养 ②卫生间石材墙面的维护保养 2）木质墙面的维护保养 3）墙纸墙面的维护保养 4）软墙面的维护保养 5）其他材质墙面的维护保养 ①涂料类墙面的维护保养 ②镜面金属墙面（柱面）的维护保养 ③文化石墙面的维护保养	（1）方法：讲授法、演示法 （2）重点：石材与木质墙面的维护保养 （3）难点：墙纸墙面及软墙面的维护保养	2

续表

模块	课程	学习单元	课程内容	培训建议	课堂学时
5．安全生产与环境保护知识	5-1 安全操作规程	（1）安全管理	1）安全规章制度 ①部门安全制度 ②楼层安全服务制度 ③来访客人管理制度 ④突发事件处理制度 ⑤客人失窃处理制度 ⑥客房部防火制度 ⑦洗衣房、布草房安全操作规范	（1）方法：讲授法、案例教学法 （2）重点：安全规章制度、员工安全操作规范 （3）难点：员工自我防护意识	3
			2）安全设施 ①电视监控系统 ②安全报警系统 ③钥匙系统 ④消防控制系统 ⑤其他安全设施		
			3）安全操作 ①员工安全操作规范 ②员工自我防护意识		
		（2）钥匙管理	1）钥匙的种类 ①客房钥匙 ②楼层万能钥匙 ③客房万能钥匙 ④公共区域万能钥匙 ⑤饭店总钥匙	（1）方法：讲授法、案例教学法 （2）重点：楼层万能钥匙的管理 （3）钥匙丢失处理	1
			2）楼层万能钥匙的管理 ①统一集中管理 ②制定钥匙管理制度 ③严格钥匙使用 ④钥匙丢失处理		
	5-2 防火防盗知识	（1）防火知识	1）客房火灾的起因	（1）方法：讲授法、演示法、案例教学法	2
			2）火灾的预防措施 ①制定防火制度 ②减少可燃物质 ③控制着火火源 ④建立防火分隔 ⑤加强日常巡检		

续表

模块	课程	学习单元	课程内容	培训建议	课堂学时
5．安全生产与环境保护知识	5–2 防火防盗知识	（1）防火知识	3）火警的应急处理 ①及时报警 ②控制火势 ③疏散客人 ④保护现场	（2）重点：火灾的预防措施 （3）难点：火警的应急处理	2
			4）客房灭火器的使用 ①干粉灭火器 ②二氧化碳灭火器 ③泡沫灭火器		
		（2）防盗知识	1）客房偷盗类型 ①社会不法分子作案 ②客人中不良分子作案 ③内部员工利用工作之便作案	（1）方法：讲授法、案例教学法 （2）重点与难点：客房防盗措施	
			2）客房防盗措施 ①加强钥匙管理 ②完善来访客人制度 ③严格客房清扫制度 ④加强员工思想教育		
	5–3 绿色饭店与环保知识	绿色饭店与环保知识	1）绿色饭店定义	（1）方法：讲授法、讨论法、项目教学法 （2）重点：绿色饭店标准与建立的基本原则 （3）难点：环保“3R”在客房的运用	2
			2）绿色饭店标准 ①绿色设计 ②能源管理 ③环境保护 ④降低物资消耗 ⑤提供绿色产品与服务 ⑥社会环境效益 ⑦经济效益 ⑧绿色管理		
			3）绿色饭店建立的基本原则 ①减量化原则 ②再使用原则 ③替代原则		
			4）环保“3R”在客房的运用		

续表

模块	课程	学习单元	课程内容	培训建议	课堂学时
6．服务心理学与沟通技巧	6–1　服务心理学	（1）客人心理需求	1）客人心理需求分析 ①生理需求 ②安全需求 ③社交需求 ④尊重需求 ⑤自我实现需求 2）客人客房服务心理需求及服务策略 ①求安全的服务策略 ②求清洁卫生的服务策略 ③求舒适方便的服务策略 ④求尊重的服务策略 ⑤求适度的服务策略	（1）方法：讲授法、讨论法、案例教学法 （2）重点：客人客房服务心理需求及服务策略 （3）难点：客人心理需求分析	2
		（2）服务员心理素质	1）服务员心理素质要求 ①个性因素 ②情感因素 ③知识因素 ④服务技能 2）服务员心理素质培养 ①严格选拔，严格培训 ②在实践中锻炼 ③虚心学习	（1）方法：讲授法、讨论法、案例教学法 （2）重点：服务员心理素质要求 （3）难点：服务员心理素质的培养	2
	6–2　沟通技巧	沟通技巧	1）沟通的基本原理 ①沟通的定义 ②沟通的过程 ③沟通的方式 2）有效沟通技巧 ①提高语言技巧 ②学会主动倾听 ③运用肢体语言	（1）方法：讲授法、案例教学法、角色扮演法 （2）重点：对客沟通技巧	4

续表

模块	课程	学习单元	课程内容	培训建议	课堂学时
6．服务心理学与沟通技巧	6-2　沟通技巧	沟通技巧	3）对客沟通技巧 ①良好的第一印象 ②关注客人 ③提高表达能力 ④提供个性化服务 ⑤以客人为中心 ⑥有同理心	（3）难点：有效沟通技巧	
7．客房常用英语	7-1　客房服务常用英语词汇	客房服务常用英语词汇	1）客房种类	（1）方法：讲授法 （2）重点与难点：客房对客服务英语词汇	4
			2）客房状态		
			3）客房家具设备		
			4）客房用品		
			5）清洁设备及用品		
			6）其他设备及用品		
			7）对客服务		
	7-2　客房服务常用英语 200 句	客房服务常用英语 200 句	1）问候欢迎	（1）方法：讲授法、情景表演法 （2）重点与难点：客房对客服务英语	4
			2）自我介绍		
			3）节日问候		
			4）征求客人意见		
			5）致歉语		
			6）客房对客服务		
	7-3　客房服务常用英语情景会话	客房服务常用英语情景会话	1）新客人住服务英语情景会话 ①引领客人进房 ②介绍房间设施	（1）方法：讲授法、情景教学法 （2）重点：客房英语情景会话 （3）难点：不同服务情境英语的表达	4
			2）客房对客服务英语情景会话 ①送茶服务 ②洗衣服务 ③开夜床服务 ④租借物品服务 ⑤物品修理服务		
			3）客房清扫服务英语情景会话 ①进入客房清扫 ②客人要求清扫客房		
			4）客人离店服务英语情景会话		

续表

模块	课程	学习单元	课程内容	培训建议	课堂学时
8. 相关法律、法规知识	8-1 法律知识	法律知识	1)《中华人民共和国劳动合同法》相关知识 ①劳动合同的订立 ②劳动合同的履行和变更 ③劳动合同的解除 ④劳动合同的终止 ⑤解除和终止劳动合同的经济补偿	(1) 方法：讲授法、案例教学法 (2) 重点与难点：与客房服务职业相关的法律知识	3
			2)《中华人民共和国消防法》相关知识 ①单位消防安全责任 ②公民的权利和义务 ③公众聚集场所消防安全检查 ④电器产品、燃气用具消防安全要求 ⑤举办大型群众性活动的消防安全要求 ⑥消防产品监督管理制度		
			3)《中华人民共和国消费者权益保护法》相关知识 ①消费者的权益 ②经营者的义务 ③其他相关知识		
			4)《中华人民共和国治安管理处罚法》相关知识 ①治安管理处罚的种类 ②违反治安管理的行为和处罚		

续表

模块	课程	学习单元	课程内容	培训建议	课堂学时
8．相关法律、法规知识	8–2　法规知识	法规知识	1)《旅游安全管理办法》相关知识 ①经营安全 ②风险提示 ③安全管理 ④罚则	(1) 方法：讲授法、案例教学法 (2) 重点与难点：与客房服务职业相关的法规知识	1
			2)《旅馆业治安管理办法》相关知识 ①旅客接待住宿规范 ②贵重物品处理规范 ③遗留物品处理规范 ④公安机关的职责和权力 ⑤其他规定		
课堂学时合计					55

2.2.2　五级 / 初级职业技能培训课程规范

模块	课程	学习单元	课程内容	培训建议	课堂学时
1．客房清扫整理	1–1　清扫客房前的准备	(1) 仪表仪容准备	1) 个人仪表仪容要求 ①个人卫生 ②个人工服穿戴规范	(1) 方法：讲授法、演示法 (2) 重点与难点：个人卫生、工服穿戴	1
			2) 仪表仪容检查		
		(2) 客房状态了解核实	1) 接受当班工作任务	(1) 方法：讲授法、案例教学法 (2) 重点：客房状态 (3) 难点：不同房态客房清扫整理要求	1
			2) 客房状态 ①客房状态的类型 ②客房状态的核实		
			3) 不同房态客房清扫整理要求 ①走客房 ②住房房 ③贵宾房 ④保留房 ⑤空房、待修房 ⑥预期离店客房		

续表

模块	课程	学习单元	课程内容	培训建议	课堂学时
1．客房清扫整理	1-1　清扫客房前的准备	（3）客房清扫顺序的安排	1）安排客房清扫顺序的原则 ①根据客房出租要求 ②根据住客的需求	（1）方法：讲授法、案例教学法 （2）重点：客房清扫顺序具体安排 （3）难点：长包房等客房清扫安排	1
			2）客房清扫顺序具体安排 ①旅游旺季客房清扫顺序安排 ②旅游淡季客房清扫顺序安排 ③长包房等客房清扫顺序安排		
		（4）房务工作车的布置	1）房务工作车物品准备 ①房务工作车物品配备标准 ②房务工作车物品摆放要求	（1）方法：讲授法、演示法 （2）重点：房务工作车物品摆放 （3）难点：提篮操作法	2
			2）房务工作车物品摆放		
			3）提篮操作法 ①提篮操作法的实施 ②提篮操作法的利弊		
		（5）清洁剂和清洁器具的准备	1）清洁剂的配备与使用 ①清洁剂配备要求 ②清洁剂的使用	（1）方法：讲授法、演示法 （2）重点：清洁器具的配备与使用 （3）难点：清洁剂的配备与使用	2
			2）清洁器具的配备与使用 ①清洁器具配备要求 ②吸尘器的配备与使用 ③抹布的配备与使用 ④其他清洁物品的配备与使用		

续表

模块	课程	学习单元	课程内容	培训建议	课堂学时
1．客房清扫整理	1-2　客房清扫整理	（1）进入客房程序	1）进入客房操作	（1）方法：讲授法、演示法、案例教学法 （2）重点：进入住客房操作 （3）难点：常见问题的处理	2
			2）常见问题的处理 ①“请即清扫”房的处理 ②“请勿打扰”房的处理 ③“无须服务”房的处理 ④其他情况的处理		
		（2）铺床操作程序	1）中式铺床操作 ①质量标准 ②操作程序 ③操作要领	（1）方法：讲授法、演示法、实训法 （2）重点：中式铺床操作 （3）难点：中式铺床操作要领	8
			2）西式铺床 ①西式铺床物品配备 ②西式铺床质量标准		
			3）中西式铺床方法比较		
		（3）走客房清扫	1）客房清扫方法	（1）方法：讲授法、演示法、实训法 （2）重点：走客房卧室清扫 （3）难点：走客房卫生间清扫	4
			2）走客房清扫要求		
			3）走客房卧室清扫		
			4）走客房卫生间清扫		
			5）清扫走客房的注意事项		
		（4）住客房清扫	1）住客房清扫要求	（1）方法：讲授法、演示法、实训法 （2）重点：住客房清扫 （3）难点：清扫住客房的注意事项	2
			2）住客房卧室清扫		
			3）住客房卫生间清扫		
			4）清扫住客房的注意事项		
		（5）空房清扫整理	1）空房清扫整理要求	（1）方法：讲授法、演示法、实训法 （2）重点：空房整理	1
			2）空房卧室整理		
			3）空房卫生间整理		

续表

模块	课程	学习单元	课程内容	培训建议	课堂学时
1．客房清扫整理	1-2　客房清扫整理	（5）空房清扫整理	4）空房设备用品检查 ①电器设备检查 ②家具检查 ③卫生洁具检查 ④客用品检查	（3）难点：空房设备用品检查	
		（6）客房简单整理	1）客房简单整理要求 2）客房卧室简单整理 3）客房卫生间简单整理 4）客用消耗品补充	（1）方法：讲授法、演示法、实训法 （2）重点：客房简单整理 （3）难点：客用消耗品补充	1
		（7）客房维修问题的检查与报告	1）客房维修问题的检查 ①检查制度 ②检查项目及重点 ③检查方法 2）客房维修问题的报告 ①报修制度 ②报修方法	（1）方法：讲授法、演示法、实训法 （2）重点与难点：客房维修问题的检查	1
		（8）清扫客房中常见问题的处理	1）清扫过程中客人回房的处理 2）房内送餐服务餐具的收取 3）客人自带、外卖食品的处理 4）房内有现金或贵重物品的处理 5）污染布草的处理	（1）方法：讲授法、演示法、案例教学法 （2）重点与难点：清扫客房中常见问题的处理	1
2．客房杀菌消毒	2-1　消毒剂配制	（1）百分比和份数比配制消毒剂	1）客房消毒剂的选用 2）消毒剂配制常识 3）消毒剂的配制 ①百分比配制消毒剂 ②份数比配制消毒剂 4）安全防护知识	（1）方法：讲授法、演示法 （2）重点与难点：消毒剂的配制、安全防护知识	1

续表

模块	课程	学习单元	课程内容	培训建议	课堂学时
2．客房杀菌消毒	2–1 消毒剂配制	（2）消毒剂（液）的配制	1）“84”消毒剂的配制	（1）方法：讲授法、演示法、实训法 （2）重点：“84”消毒剂的配制、消毒片的使用 （3）难点：配制消毒剂的注意事项	1
			2）氯亚明消毒剂的配制		
			3）消毒片的使用		
			4）配制消毒剂的注意事项 ①按照要求配制 ②做好安全防护		
		（3）消毒剂的保管	1）消毒剂的保管要求 ①消毒剂的存放条件 ②储存柜的配备	（1）方法：讲授法、演示法、实训法 （2）重点：消毒剂的保管要求 （3）难点：消毒剂存放的注意事项	1
			2）消毒剂的存放 ①操作程序 ②注意事项		
	2–2 客房消毒	（1）客房常用的消毒方法	1）卫生防疫知识 ①饭店经常性卫生要求 ②员工个人卫生要求 ③除虫灭害	（1）方法：讲授法、演示法、实训法 （2）重点：卫生防疫知识、客房常用消毒方法 （3）难点：客房消毒标准	4
			2）客房消毒标准 ①杯具消毒标准 ②卫生洁具消毒标准 ③空气卫生质量标准		
			3）客房常用消毒方法 ①通风采光 ②物理消毒 ③化学消毒		
		（2）客房日常消毒	1）客房日常消毒制度与方法 ①客房日常消毒制度 ②客房日常消毒方法	（1）方法：讲授法、演示法、实训法 （2）重点与难点：客房日常消毒操作	4
			2）客房日常消毒操作 ①客房卧室日常消毒 ②客房卫生间日常消毒 ③注意事项		

续表

模块	课程	学习单元	课程内容	培训建议	课堂学时
2．客房杀菌消毒	2-2　客房消毒	（3）走客房的消毒	1）走客房消毒制度与方法 ①走客房消毒制度 ②走客房消毒方法	（1）方法：讲授法、演示法、实训法 （2）重点与难点：走客房消毒操作	2
			2）走客房消毒操作 ①走客房卧室消毒 ②走客房卫生间消毒 ③注意事项		
		（4）特殊情况客房的消毒	1）特殊情况客房的消毒制度与方法 ①特殊情况客房的消毒制度 ②特殊情况客房的消毒方法	（1）方法：讲授法、演示法、实训法 （2）重点：特殊情况客房的消毒规范 （3）难点：公共卫生事件突发期间客房的防疫工作	2
			2）特殊情况客房的消毒规范 ①宠物停留客房的消毒 ②生病客人客房的消毒 ③死亡客人客房的消毒 ④公共卫生事件突发期间客房的防疫工作		
	2-3　客用品消毒	（1）杯具消毒及保管	1）杯具的消毒制度与方法 ①杯具的消毒制度 ②杯具的消毒方法	（1）方法：讲授法、演示法、实训法 （2）重点：用消毒剂消毒杯具、用消毒柜消毒杯具 （3）难点：杯具的保管与周转	4
			2）用消毒剂消毒杯具		
			3）用消毒柜消毒杯具		
			4）杯具的保管与周转 ①杯具的保管 ②杯具的周转		

续表

模块	课程	学习单元	课程内容	培训建议	课堂学时
2．客房杀菌消毒	2–3　客用品消毒	（2）电话机的清洁与消毒	1）电话机的消毒制度与方法 ①电话机的消毒制度 ②电话机的消毒方法	（1）方法：讲授法、演示法、实训法 （2）重点与难点：电话机的擦拭消毒	1
			2）电话机的清洁 ①听筒清洁 ②电话线清洁 ③按键及底座清洁		
			3）电话机的擦拭消毒		
		（3）遥控器的清洁与消毒	1）遥控器的消毒制度与方法 ①遥控器的消毒制度 ②遥控器的消毒方法	（1）方法：讲授法、演示法、实训法 （2）重点：用消毒剂消毒遥控器、用紫外线消毒遥控器 （3）难点：遥控器按键的清洁	1
			2）遥控器的清洁 ①外壳的清洁 ②按键的清洁		
			3）用消毒剂消毒遥控器		
			4）用紫外线消毒遥控器		
3．客房对客服务	3–1　楼层迎宾服务	（1）客人抵店前的准备工作	1）楼层迎客服务要求	（1）方法：讲授法、演示法、案例教学法 （2）重点：了解客情、检查客房 （3）难点：针对客情进行客房布置	1
			2）客人抵店的准备工作 ①了解客情 ②了解饭店接待规格 ③检查客房 ④布置客房		
		（2）客人抵店时的迎接服务	1）散客的迎接服务 ①楼层迎客 ②引领客人进房 ③客房设备设施介绍	（1）方法：讲授法、演示法、实训法 （2）重点：楼层迎客、引领客人进房 （3）难点：客房设备设施的介绍	1
			2）团队客人的迎接服务 ①楼层迎客 ②协助行李员分送行李 ③引领客人进房		

续表

<table>
<tr><th>模块</th><th>课程</th><th>学习单元</th><th>课程内容</th><th>培训建议</th><th>课堂学时</th></tr>
<tr><td rowspan="11">3．客房对客服务</td><td rowspan="11">3–2　住店日常服务</td><td rowspan="3">（1）茶水、饮料服务</td><td>1）茶叶常识
①茶的种类
②茶水的沏泡
③饮茶习惯
④饮茶方法
⑤茶叶的保管</td><td rowspan="3">（1）方法：讲授法、演示法、实训法
（2）重点：送茶服务
（3）难点：茶水的沏泡</td><td rowspan="3">2</td></tr>
<tr><td>2）送茶服务
①沏泡茶叶
②送茶进房
③注意事项</td></tr>
<tr><td>3）饮料服务
①操作准备
②送饮料进房
③注意事项</td></tr>
<tr><td rowspan="2">（2）微型酒吧服务</td><td>1）微型酒吧物品配备
①酒水配备
②佐酒食品配备
③其他物品配备</td><td rowspan="2">（1）方法：讲授法、演示法、实训法
（2）重点：微型酒吧检查
（3）难点：走客房微型酒吧消耗检查</td><td rowspan="2">1</td></tr>
<tr><td>2）微型酒吧检查
①日常检查
②走客房消耗检查
③账单填写
④酒水食品补充</td></tr>
<tr><td rowspan="4">（3）开夜床服务</td><td>1）开夜床服务意义</td><td rowspan="4">（1）方法：讲授法、演示法、实训法
（2）重点：开夜床服务操作
（3）难点：开夜床服务常见问题的处理</td><td rowspan="4">1</td></tr>
<tr><td>2）开夜床服务内容
①整理客房
②开夜床
③补充客用品</td></tr>
<tr><td>3）开夜床服务操作</td></tr>
<tr><td>4）开夜床服务常见问题的处理</td></tr>
<tr><td>（4）洗衣服务</td><td>1）洗衣服务项目
①干洗服务
②水洗服务
③熨烫服务</td><td>（1）方法：讲授法、案例教学法、情景表演法</td><td>1</td></tr>
</table>

续表

模块	课程	学习单元	课程内容	培训建议	课堂学时
3．客房对客服务	3-2　住店日常服务	（4）洗衣服务	2）洗衣服务收费 ①普通洗衣服务收费 ②快件洗衣服务收费	（2）重点：洗衣服务规范 （3）难点：客衣的收取检查	
			3）洗衣服务规范 ①客衣的收取检查 ②客衣的交接 ③客衣的返送		
			4）洗衣服务注意事项		
		（5）擦鞋服务	1）鞋油知识	（1）方法：讲授法、演示法、实训法 （2）重点：牛羊皮皮鞋、真皮运动鞋的擦拭 （3）难点：漆皮等皮质皮鞋的擦拭	1
			2）皮鞋的收取与皮质的识别 ①皮鞋的收取 ②皮质的识别		
			3）不同皮质皮鞋的擦拭 ①牛羊皮皮鞋、真皮运动鞋的擦拭 ②漆皮、皱漆皮皮鞋的擦拭 ③磨砂皮皮鞋的擦拭		
			4）擦鞋服务注意事项		
			5）自动擦鞋器的配备与使用要求		
		（6）租借物品服务	1）租借物品种类 ①租用物品 ②借用物品	（1）方法：讲授法、演示法、情景表演法 （2）重点：租借物品服务规范 （3）难点：租借电器类物品服务规范	1
			2）租借物品服务规范 ①租借一般物品服务规范 ②租借电器类物品服务规范		
			3）租借物品服务注意事项		

续表

模块	课程	学习单元	课程内容	培训建议	课堂学时
3．客房对客服务	3-2 住店日常服务	（7）加床服务	1）加床服务类型 2）加床物品准备 ①检查加床床具 ②准备床上布草 ③备齐其他客用品 3）加床服务操作 ①放置床具 ②规范铺床 ③添补客用品	（1）方法：讲授法、演示法、情景表演法 （2）重点与难点：加床服务操作	1
	3-3 送客服务	（1）客人离店前的准备工作	1）客房消费账单检查 ①微型酒吧消费账单检查 ②洗衣费用账单检查 2）委托代办事项落实检查 3）客人意见征求 ①客人意见征求时机 ②客人意见征求方法 ③客人意见的记录与反馈	（1）方法：讲授法、演示法、实训法 （2）重点：客人委托代办事项落实检查 （3）难点：客人意见征求	1
		（2）散客和团队客人送别服务	1）散客送别服务 ①礼貌道别 ②电梯服务 2）团队客人送别服务 ①礼貌道别 ②行李服务 ③电梯服务	（1）方法：讲授法、演示法、实训法 （2）重点：散客送别服务 （3）难点：团队客人送别服务	1
		（3）走客房的检查	1）走客房检查项目 ①客人遗留物品检查 ②客房消费情况检查 ③客房设备用品检查 2）走客房检查操作 ①走客房卧室检查 ②走客房卫生间检查	（1）方法：讲授法、演示法、实训法 （2）重点：客人遗留物品检查 （3）难点：客房消费情况检查	2

续表

模块	课程	学习单元	课程内容	培训建议	课堂学时
3．客房对客服务	3–3　送客服务	（4）客人遗留物品处理	1）客人遗留物品的分类 ①贵重物品 ②非贵重物品 ③证件类物品	（1）方法：讲授法、案例教学法、讨论法 （2）重点与难点：客人遗留物品具体处理	1
			2）客人遗留物品具体处理 ①客人遗留物品的报告 ②客人遗留物品的保管		
课堂学时合计					63

2.2.3　四级 / 中级职业技能培训课程规范

模块	课程	学习单元	课程内容	培训建议	课堂学时
1．客房清扫整理	1–1　客房计划卫生	（1）客房计划卫生的安排	1）客房计划卫生的意义	（1）方法：讲授法、演示法 （2）重点：客房计划卫生工作的安排 （3）难点：客房计划卫生项目的确定	2
			2）客房计划卫生项目的确定 ①家具 ②电器设备 ③卫生洁具 ④金属制品 ⑤其他物件		
			3）客房计划卫生工作的安排 ①短期计划卫生 ②中期计划卫生 ③长期计划卫生		
		（2）客房计划卫生的实施	1）家具的清洁保养 ①床垫及床架的清洁保养 ②软面沙发的清洁保养 ③木质家具的清洁保养	（1）方法：讲授法、演示法、案例教学法	4

续表

模块	课程	学习单元	课程内容	培训建议	课堂学时
1．客房清扫整理	1-1 客房计划卫生	(2) 客房计划卫生的实施	2) 电器设备的清洁保养 ①电冰箱的清洁保养 ②电视机的清洁保养 ③空调（风口、过滤网）的清洁保养 ④其他电器的清洁保养	(2) 重点：家具、电器设备及卫生洁具的清洁保养 (3) 难点：实施客房计划卫生的注意事项	
			3) 卫生洁具的清洁保养		
			4) 金属制品的清洁保养		
			5) 其他物件的清洁保养		
			6) 防治虫害		
			7) 实施客房计划卫生的注意事项 ①安全操作 ②规范使用工具 ③做好房态的复核与调整		
	1-2 楼层公共区域清洁保养	(1) 楼层走廊的清洁保养与绿化养护	1) 楼层公共区域清洁保养概述 ①楼层公共区域清洁保养项目 ②楼层公共区域清洁保养要求	(1) 方法：讲授法、演示法、案例教学法 (2) 重点：楼层走廊的清洁保养 (3) 难点：地毯的清洁保养	3
			2) 楼层走廊的清洁保养 ①地毯的清洁保养 ②硬地面的清洁保养 ③客梯厅的清洁保养 ④护墙板/墙纸的清洁保养 ⑤装饰品等的清洁保养		
			3) 花卉、绿植的养护		

续表

模块	课程	学习单元	课程内容	培训建议	课堂学时
1．客房清扫整理	1-2　楼层公共区域清洁保养	（2）楼层工作间的清洁保养	1）楼层工作间的空间布局 2）楼层工作间清洁保养的内容 ①物品架、储物柜的布置整理 ②制冰机的检查与清洁保养 ③其他区域的清洁保养	（1）方法：讲授法、演示法、案例教学法 （2）重点：楼层工作间清洁保养的内容 （3）难点：制冰机的检查与清洁保养	1
		（3）楼层消毒间的清洁保养	1）楼层消毒间的布置 ①布置标准 ②布置要求 2）楼层消毒间的清洁卫生要求 3）楼层消毒间清洁保养的内容 ①水池的清洁保养 ②消毒柜的清洁保养 ③其他清洁保养工作	（1）方法：讲授法、演示法、案例教学法 （2）重点：楼层消毒间清洁保养的内容 （3）难点：楼层消毒间的清洁卫生要求	1
		（4）楼层安全通道的清洁保养	1）楼层安全通道清洁保养项目及要求 ①楼层安全通道清洁保养项目 ②不同设备物品清洁保养要求 2）安全通道／楼梯的清洁保养 3）防火门的检查与清洁保养 ①防火门的检查 ②防火门的清洁保养 4）安全器材的检查与清洁保养 ①安全器材的检查 ②安全器材的清洁保养	（1）方法：讲授法、演示法、案例教学法 （2）重点：安全通道／楼梯的清洁保养 （3）难点：防火门及安全器材的检查与清洁保养	1

续表

模块	课程	学习单元	课程内容	培训建议	课堂学时
2．客房对客服务	2-1　代办服务	（1）客人委托代办服务	1）客人委托代办服务项目 ①客人代购物品服务 ②客人物品修理服务 ③客人物品递送转交服务 ④客人预订票务等代办服务	（1）方法：讲授法、演示法、案例教学法 （2）重点：客人委托代办服务流程 （3）难点：客人委托代办制度	1
			2）客人委托代办制度 ①表格登记制度 ②检查收费核定制度		
			3）客人委托代办服务流程 ①受理客人要求 ②解决客人问题 ③做好善后工作		
		（2）客人修理物品服务	1）客人修理物品的受理	（1）方法：讲授法、演示法、案例教学法 （2）重点与难点：客人修理物品的受理	1
			2）客人修理物品的返回		
		（3）客人递送转交物品服务	1）客人转交物品服务	（1）方法：讲授法、演示法、案例教学法 （2）重点：客人递送转交物品服务 （3）难点：客人遗留物品的递送	1
			2）客人遗留物品的递送		
	2-2　针对性服务	（1）针对性服务概述	1）针对性服务的概念与意义 ①针对性服务的概念 ②针对性服务的意义	（1）方法：讲授法、案例教学法 （2）重点：针对性服务的要求 （3）难点：针对性服务的依据	1
			2）针对性服务的要求		
			3）针对性服务的依据 ①根据饭店接待要求 ②根据客人情况		

续表

模块	课程	学习单元	课程内容	培训建议	课堂学时
2．客房对客服务	2–2　针对性服务	（2）贵宾针对性服务	1）贵宾的划分及接待要求 ①贵宾的划分 ②贵宾的接待要求 ③注意事项	（1）方法：讲授法、演示法、案例教学法 （2）重点与难点：贵宾客房服务操作	2
			2）贵宾客房服务操作 ①贵宾入住前 ②贵宾入住时 ③贵宾住店期间 ④贵宾离店 ⑤贵宾离店后善后工作		
		（3）商务客人针对性服务	1）商务客人特点及客房服务需求 ①商务客人的特点 ②商务客人客房服务需求	（1）方法：讲授法、演示法、案例教学法 （2）重点：商务客人客房服务操作 （3）难点：针对性服务的体现	2
			2）商务客人客房服务操作 ①客房布置 ②客房服务		
			3）商务客人针对性服务实例		
		（4）长住客针对性服务	1）长住客的特点及客房服务需求 ①长住客的特点 ②长住客客房服务需求	（1）方法：讲授法、演示法、案例教学法 （2）重点：长住客客房服务操作 （3）难点：针对性服务的体现	2
			2）长住客客房服务操作 ①客房布置 ②客房服务		
			3）长住客针对性服务实例		

续表

模块	课程	学习单元	课程内容	培训建议	课堂学时
2．客房对客服务	2-2 针对性服务	（5）常客针对性服务	1）常客的特点及客房服务需求 ①常客的特点 ②常客客房服务需求	（1）方法：讲授法、演示法、案例教学法 （2）重点：常客客房服务操作 （3）难点：针对性服务的体现	2
			2）常客客房服务操作 ①客房布置 ②客房服务		
			3）常客客房针对性服务实例		
		（6）亲子家庭客人针对性服务	1）亲子家庭特点及客房服务需求 ①亲子家庭的特点 ②亲子家庭客房服务需求	（1）方法：讲授法、演示法、案例教学法 （2）重点：亲子家庭客房服务操作 （3）难点：针对性服务的体现	2
			2）亲子家庭客房服务操作 ①客房布置 ②客房服务		
			3）亲子家庭客房针对性服务实例		
		（7）网络订房（OTA）客人针对性服务	1）网络订房（OTA）客人特点及客房服务需求 ①网络订房（OTA）客人的类别 ②网络订房（OTA）客人客房服务需求 ③网络订房（OTA）客人对酒店的影响	（1）方法：讲授法、演示法、案例教学法 （2）重点：网络订房（OTA）客人客房服务操作 （3）难点：网络订房（OTA）客人客房服务问题的处理	2
			2）网络订房（OTA）客人客房服务操作 ①客房布置 ②客房服务 ③客人信息收集与反馈		
			3）网络订房（OTA）客人客房服务问题处理		

续表

模块	课程	学习单元	课程内容	培训建议	课堂学时
2．客房对客服务	2-2 针对性服务	(8) 团队客人针对性服务	1）会议客人客房服务 ①会议客人的特点 ②会议客人客房服务需求 ③会议客人服务操作	(1) 方法：讲授法、演示法、案例教学法 (2) 重点：团队客人客房服务操作 (3) 难点：团队客人客房服务问题处理	2
			2）旅游团队客人客房服务 ①旅游团队客人的特点 ②旅游团队客人客房服务需求 ③旅游团队客人客房服务操作		
			3）团队客人客房服务问题处理		
		(9) 其他类型客人针对性服务	1）外宾客房服务 ①外宾客房服务需求 ②外宾客房服务注意事项	(1) 方法：讲授法、演示法、案例教学法 (2) 重点：外宾、老年客人客房服务操作 (3) 难点：其他类型客人服务注意事项	2
			2）老年客人客房服务 ①老年客人客房服务需求 ②老年客人客房服务操作 ③老年客人服务注意事项		
		(10) 客人相关信息的提供	1）客人信息的收集与反馈 ①客人信息的收集 ②客人信息的反馈	(1) 方法：讲授法、案例教学法 (2) 重点：客史档案的建立与利用 (3) 难点：客人信息的收集与反馈	1
			2）客史档案的建立与利用 ①客史档案的建立 ②客史档案的利用		

续表

模块	课程	学习单元	课程内容	培训建议	课堂学时
2．客房对客服务	2-3　会议布置与服务	（1）小型会议室的布置	1）会议种类 ①普通会议 ②会见 ③会谈 ④签字仪式	（1）方法：讲授法、演示法、案例教学法 （2）重点：小型会议室布置操作 （3）难点：不同种类会议台面布置	2
			2）会议信息核实		
			3）小型会议室布置要求 ①会议室布置形式 ②会议台面布置 ③其他事项要求		
			4）小型会议室布置操作		
		（2）会议设备和用品的准备	1）会议设备与用品 ①会议设备 ②会议用品	（1）方法：讲授法、演示法 （2）重点与难点：会场设备的使用与维护保养	1
			2）会场设备的使用与维护保养 ①投影仪的使用与维护保养 ②幕布的使用与维护保养 ③电子显示屏的使用与维护保养 ④计算机的连接与维护保养 ⑤话筒、扩音器的调节使用与维护保养 ⑥其他设备的使用		
		（3）会议服务	1）会议服务礼仪 ①会议服务礼仪标准 ②会议服务人员礼仪要求	（1）方法：讲授法、演示法、实训法 （2）重点：会议服务操作 （3）难点：会议服务注意事项	2
			2）会议服务操作 ①会前准备 ②迎客服务 ③会中服务 ④会后结束工作		
			3）会议服务注意事项		

续表

模块	课程	学习单元	课程内容	培训建议	课堂学时
2．客房对客服务	2-3　会议布置与服务	（4）饮品服务	1）会议饮品的准备	（1）方法：讲授法、演示法、实训法 （2）重点与难点：会议饮品服务操作	1
			2）会议饮品服务操作		
	2-4　特殊情况处理	（1）“请勿打扰”房的处理	1）“请勿打扰”房信息确认 ①常见的“请勿打扰”标识 ②“请勿打扰”房的几种情况	（1）方法：讲授法、演示法、案例教学法 （2）重点：“请勿打扰”房的处理方法 （3）难点：特殊情况的处理	1
			2）“请勿打扰”房的具体处理 ①“请勿打扰”房处理原则 ②“请勿打扰”房处理方法 ③处理“请勿打扰”房处理注意事项		
			3）特殊情况的处理		
		（2）客人报失的处理	1）客人报失类型 ①财物被盗 ②财物遗失或疑似遗失	（1）方法：讲授法、演示法、案例教学法 （2）重点：客人报失处理流程 （3）难点：处理客人报失的注意事项	1
			2）客人报失处理流程 ①财物被盗的处理 ②财物遗失或疑似遗失的处理		
			3）处理客人报失的注意事项		
		（3）客人要求开门的处理	1）住店客人要求开门的处理 ①住店客人要求开门的处理流程 ②注意事项	（1）方法：讲授法、演示法、案例教学法 （2）重点：住店客人要求开门的处理 （3）难点：非住客要求开门的处理	1
			2）非住客要求开门的处理 ①非住客要求开门的处理流程 ②注意事项		

续表

模块	课程	学习单元	课程内容	培训建议	课堂学时
2．客房对客服务	2–4　特殊情况处理	（4）客人携带违禁品的处理	1）违禁品的种类 ①大功率电器 ②易燃易爆或不明液体 ③针头、疑似毒品 ④管制器械及其他类物品	（1）方法：讲授法、演示法、案例教学法 （2）重点：违禁品的处理流程 （3）难点：违禁品的种类、违禁品处理注意事项	1
			2）违禁品处理流程 ①处理方法 ②注意事项		
		（5）客房异常情况的处理	1）客房异常情况处理方案	（1）方法：讲授法、案例教学法 （2）重点：客房异常情况处理方法 （3）难点：处理客房异常情况的注意事项	1
			2）客房异常情况处理方法 ①客房有赌博情况的处理 ②客房有争吵情况的处理 ③客房门锁故障的处理 ④客房保险箱故障的处理		
			3）处理客房异常情况的注意事项		
		（6）客房报警的处理	1）客房报警制度	（1）方法：讲授法、演示法、案例教学法 （2）重点与难点：客房报警处理方法	1
			2）客房报警处理方法 ①火警报警处理 ②案情报警处理 ③爆炸及可疑爆炸物报警处理 ④其他特殊情况报警处理		
			3）报警注意事项		

续表

模块	课程	学习单元	课程内容	培训建议	课堂学时
3．客用品管理	3-1　楼层库房管理	（1）楼层库房物品保管	1）楼层库房库存要求 ①通风要求 ②间距要求 ③安全管理要求	（1）方法：讲授法、演示法 （2）重点：楼层库房物品存放要求 （3）难点：楼层库房库存量的制定	1
			2）楼层库房区域划分		
			3）楼层库房物品存放要求 ①布草等客用品的存放 ②清洁器具的存放		
			4）楼层库房库存量的制定 ①客用消耗用品的库存量 ②客用固定用品的库存量		
		（2）楼层库房物品盘点	1）物品盘点知识 ①物品盘点的概念 ②物品盘点的周期 ③物品盘点注意事项	（1）方法：讲授法、演示法 （2）重点：楼层库房物品盘点操作 （3）难点：物品盘点注意事项	1
			2）楼层库房物品盘点操作		
			3）布草盘点实例		
		（3）物品报损	1）库房物品报损条件	（1）方法：讲授法、演示法 （2）重点：库房物品报损程序 （3）难点：库房物品报损条件	1
			2）库房物品报损程序 ①报损物品确认 ②提出报损申请 ③审批 ④报损物品处理		
			3）布草报损实例		

续表

模块	课程	学习单元	课程内容	培训建议	课堂学时
3. 客用品管理	3–2 客用品配备和领发	（1）客房客用品的配备	1）客房客用品分类 ①按消耗形式分 ②按供应形式分 2）客房客用品的配备标准及摆放要求 ①客房客用品的配备标准 ②客房客用品的摆放要求	（1）方法：讲授法、演示法 （2）重点与难点：客房客用品的配备标准	1
		（2）客房客用品的领发	1）客房客用品领发要求 2）客房客用品的申领 ①提出申领计划 ②填写物品申领单 3）客房客用品的发放 4）常见问题的处理	（1）方法：讲授法、演示法 （2）重点：客房客用品的申领和发放 （3）难点：常见问题的处理	1
课堂学时合计					50

2.2.4 三级 / 高级职业技能培训课程规范

模块	课程	学习单元	课程内容	培训建议	课堂学时
1. 客房布置	1–1 贵宾房布置	（1）贵宾房布置概述	1）贵宾的分类 2）贵宾房的布置要求 ①根据贵宾的等级 ②根据饭店的接待规格 3）贵客房检查标准 ①客房清洁卫生质量检查标准 ②客房设备用品检查标准 ③鲜花、水果等赠品检查标准 ④客房内外环境检查标准	（1）方法：讲授法、演示法、实训法 （2）重点：贵宾房的布置要求 （3）难点：贵客房检查标准	2

续表

模块	课程	学习单元	课程内容	培训建议	课堂学时
1. 客房布置	1-1 贵宾房布置	（2）贵宾房布置操作	1）V1 客房布置 ①布置要求 ②布置操作	（1）方法：讲授法、演示法、参观法 （2）重点与难点：贵宾房布置要求	2
			2）V2 客房布置 ①布置要求 ②布置操作		
			3）V3 客房布置 ①布置要求 ②布置操作		
			4）V4 客房布置 ①布置要求 ②布置操作		
	1-2 长包房布置	（1）公寓长包房布置	1）公寓长住客需求分析	（1）方法：讲授法、演示法、案例教学法 （2）重点：公寓长包房的布置操作 （3）难点：公寓长住客需求分析	1
			2）公寓长包房的布置要求 ①客房卧室布置 ②客房卫生间布置 ③客房厨房布置		
			3）公寓长包房布置操作		
		（2）办公长包房布置	1）办公长住客需求分析	（1）方法：讲授法、演示法、案例教学法 （2）重点：办公长包房的布置操作 （3）难点：办公长住客需求分析	1
			2）办公长包房的布置操作 ①客房办公区的布置 ②其他区域的布置		
			3）办公长包房布置操作		
	1-3 特色客房布置	（1）特色客房的介绍	1）特色客房的类型 ①主题客房 ②智能客房 ③女性客房 ④儿童客房 ⑤其他特色客房	（1）方法：讲授法、项目教学法、情景表演法 （2）重点与难点：特色客房的介绍	1
			2）特色客房的布置要求		
			3）特色客房的介绍		

续表

模块	课程	学习单元	课程内容	培训建议	课堂学时
1. 客房布置	1-3 特色客房布置	(2) 婚房的布置	1) 婚房布置要求	(1) 方法：讲授法、演示法、实训法 (2) 重点：婚房布置内容 (3) 难点：婚房喜庆特色的体现	1
			2) 婚房布置内容 ①客房卧室布置 ②客房卫生间布置 ③喜字张贴		
			3) 婚房布置操作		
		(3) 女性客房的布置	1) 女性客房需求分析	(1) 方法：讲授法、演示法、实训法 (2) 重点：女性客房布置内容 (3) 难点：女性客房需求分析	1
			2) 女性客房布置要求		
			3) 女性客房布置内容 ①卧室布置 ②卫生间布置		
			4) 女性客房布置操作		
		(4) 儿童客房的布置	1) 儿童客房需求分析	(1) 方法：讲授法、演示法、案例教学法 (2) 重点：儿童客房布置内容 (3) 难点：儿童客房的布置要求	2
			2) 儿童客房布置要求		
			3) 儿童客房布置内容 ①卧室布置 ②卫生间布置 ③儿童角布置		
			4) 儿童客房布置操作		
2. 客房对客服务	2-1 专属客房与管家服务	(1) 专属客房	1) 专属客房的概念	(1) 方法：讲授法、演示法、实训法 (2) 重点：专属客房的布置 (3) 难点：专属客房的概念	2
			2) 专属客房的布置 ①客人信息的了解 ②个性化服务用品的准备 ③客房鲜花、水果等布置 ④专属客房的检查		

续表

模块	课程	学习单元	课程内容	培训建议	课堂学时
2．客房对客服务	2-1　专属客房与管家服务	（2）管家服务	1）管家服务概述 ①管家服务的由来 ②管家服务的要求 ③管家服务的项目	（1）方法：讲授法、演示法、案例教学法 （2）重点：管家迎客服务、管家住店服务、管家送客服务 （3）难点：管家客史档案管理	4
			2）管家迎客服务 ①楼层迎客服务 ②欢迎茶服务		
			3）管家住店服务 ①客房小整理服务 ②当日报纸服务 ③人工叫醒、开夜床等服务		
			4）管家送客服务 ①客人意见征求 ②行李服务 ③楼层送客服务		
			5）管家服务日志 ①管家服务日志内容 ②管家服务日志记录要求		
			6）管家客史档案管理 ①管家服务信息的收集 ②管家服务信息的整理		
	2-2　特殊客人服务	（1）残障客人的服务	1）残障客人客房服务需求分析 ①残障客人心理分析 ②残障客人客房服务要求	（1）方法：讲授法、演示法、案例教学法 （2）重点：残障客人客房服务操作 （3）难点：残障客人客房服务需求分析	1
			2）残障客人客房服务操作 ①客房布置 ②客房服务 ③服务注意事项		
			3）残障客人服务实例		

续表

模块	课程	学习单元	课程内容	培训建议	课堂学时
2．客房对客服务	2-2　特殊客人服务	（2）伤病客人的服务	1）受伤客人的服务 ①受伤客人的服务要求 ②服务注意事项	（1）方法：讲授法、演示法、案例教学法 （2）重点：伤病客人的服务要求 （3）难点：服务伤病客人的注意事项	1
			2）生病客人的服务 ①生病客人的服务要求 ②服务注意事项		
			3）特殊病况客人的服务 ①特殊病况客人的服务要求 ②服务注意事项		
			4）伤病客人服务实例		
		（3）醉酒客人的服务	1）客人醉酒的分类	（1）方法：讲授法、演示法、案例教学法 （2）重点：醉酒客人的服务要求与服务操作 （3）难点：服务醉酒客人的注意事项	1
			2）醉酒客人的服务要求与服务操作 ①轻度醉酒客人 ②重度醉酒客人		
			3）服务醉酒客人的注意事项		
			4）醉酒客人服务实例		
		（4）特殊客人信息提供	1）特殊客人信息的收集 ①基本情况 ②特别需求 ③其他情况	（1）方法：讲授法、案例教学法 （2）重点：特殊客人信息的收集 （3）难点：特殊客人信息的反馈	1
			2）特殊客人信息的报告 ①特殊客人信息的上报 ②特殊客人信息的反馈		

续表

模块	课程	学习单元	课程内容	培训建议	课堂学时
2．客房对客服务	2–3　疑难问题处理	（1）客人投诉的受理	1）客人投诉心理分析 ①求宣泄心理 ②求补偿心理 ③求尊重心理	（1）方法：讲授法、案例教学法、项目教学法 （2）重点：客人投诉的处理 （3）难点：客人投诉心理分析	2
			2）客房常见投诉问题分析 ①客房设备设施问题 ②客房清洁卫生问题 ③员工服务态度与效率问题 ④服务效率问题 ⑤其他问题		
			3）客人投诉的处理 ①客人投诉处理原则 ②客人投诉处理方法 ③客人投诉处理实例		
		（2）物品损坏事宜的处理	1）客人损坏客房物品的处理 ①处理程序 ②注意事项	（1）方法：讲授法、案例教学法 （2）重点：客人损坏客房物品的处理 （3）难点：员工损坏客人物品的处理	1
			2）员工损坏客人物品的处理 ①处理程序 ②注意事项		
		（3）客房状态差异等情况的处理	1）客房状态的检查核实	（1）方法：讲授法、案例教学法 （2）重点：差异房的处理 （3）难点：客房状态的检查核实	1
			2）差异房的处理 ①差异房情况分析 ②差异房的处理程序		
			3）无行李房的处理 ①无行李房情况分析 ②无行李房的处理程序 ③注意事项		
			4）外宿房的处理 ①外宿房情况分析 ②外宿房的处理程序 ③注意事项		

续表

模块	课程	学习单元	课程内容	培训建议	课堂学时
2．客房对客服务	2–3　疑难问题处理	（4）突发事件的处理	1）停电、停水的应急处理 ①停电的应急处理 ②停水的应急处理 2）电梯故障服务 3）玻璃爆裂的应急处理 4）水管漏水、爆裂的应急处理 ①水管漏水的应急处理 ②水管爆裂的应急处理 5）打架、斗殴等突发事件的应急处理 6）处理突发事件的注意事项	（1）方法：讲授法、演示法、案例教学法 （2）重点：突发事件的处理 （3）难点：处理突发事件的注意事项	1
3．客房楼面管理	3–1　客房检查导督	（1）客房清洁保养质量检查	1）客房清洁保养质量标准 ①感官标准 ②生化标准 ③微小气候标准 2）查房的程序与方法 ①查房的程序 ②查房的方法 3）客房清洁保养质量检查操作 4）返工房及检查 ①客房返工的原因 ②返工房的再检查 5）客房清洁服务外包 ①客房清洁服务外包的概念 ②客房清洁服务外包的质量控制	（1）方法：讲授法、演示法、实训法 （2）重点与难点：客房清洁保养质量检查操作	4

续表

模块	课程	学习单元	课程内容	培训建议	课堂学时
3．客房楼面管理	3-1 客房检查导督	（2）现场督导管理	1）现场督导的意义	（1）方法：讲授法、演示法、案例教学法 （2）重点：现场督导检查方法与技巧 （3）难点：现场示范指导方法与技巧	4
			2）现场督导的内容 ①工作状态 ②劳动纪律 ③操作规范 ④工作进程 ⑤质量效果		
			3）现场督导的关键点 ①服务的关键部位 ②服务的薄弱环节 ③客人关注的服务需求 ④客人的敏感点		
			4）现场督导检查方法与技巧 ①巡视检查 ②巡视观察		
			5）现场示范指导方法与技巧 ①现场示范 ②及时指导 ③偏差纠正		
			6）现场督导工具的运用 ①检查表单的设计 ②检查表单的运用		
	3-2 客房物资管理	（1）客房设备管理	1）客房物资的分类 ①客房固定资产 ②客用固定用品 ③客用消耗用品	（1）方法：讲授法、演示法、案例教学法 （2）重点：客房设备的日常管理	2
			2）客房设备的资产管理 ①账卡的建立 ②客房设备历史档案的建立 ③客房设备维修档案的建立 ④客房设备的盘点制度		

续表

模块	课程	学习单元	课程内容	培训建议	课堂学时
3．客房楼面管理	3–2　客房物资管理	（1）客房设备管理	3）客房设备的日常管理 ①客房设备的保养制度 ②客房设备的日常检查 ③客房设备的报修	（3）难点：客房设备的资产管理	
		（2）客房客用品管理	1）客房客用品管理制度与方法 ①客房客用品管理制度 ②客房客用品管理方法	（1）方法：讲授法、案例教学法、项目教学法 （2）重点：客房客用品的日常管理 （3）难点：客房客用品的定额管理	2
			2）客房客用品的定额管理 ①客用消耗用品的定额管理 ②客用固定用品的定额管理		
			3）客房客用品的日常管理 ①客房客用品的管理制度 ②客用消耗用品消耗控制 ③客用固定用品损耗控制		
			4）布草管理实 ①布草的配备 ②布草的收发管理 ③布草的使用管理 ④布草的报损管理 ⑤报损布草的再利用		
	3–3　员工培训	（1）培训计划的制订	1）培训的分类 ①岗前培训 ②在职培训 ③发展培训 ④交叉培训	（1）方法：讲授法、讨论法、项目教学法	2

续表

模块	课程	学习单元	课程内容	培训建议	课堂学时
3．客房楼面管理	3-3　员工培训	（1）培训计划的制订	2）五级／初级工培训计划的制订 ①五级／初级工岗位工作分析 ②岗前培训计划的制订	（2）重点：岗前培训计划的制订 （3）难点：四级／中级工及以下级别人员岗位工作分析与培训需求分析	
			3）四级／中级工培训计划的制订 ①四级／中级工培训需求分析 ②培训计划制订实例		
		（2）培训方案的编写	1）培训方案组成要素分析 ①培训目的与对象 ②培训内容 ③培训教师 ④培训方法 ⑤培训日期与时间 ⑥培训场所与设备 ⑦培训考评及跟踪反馈	（1）方法：讲授法、讨论法、项目教学法 （2）重点与难点：四级／中级工及以下级别人员培训方案编写	2
			2）四级／中级工及以下级别人员培训培方案编写 ①岗前培训方案的编写 ②在职培训方案的编写		
		（3）专业理论培训的实施	1）理论培训的方法与技巧 ①课堂讲授 ②案例分析 ③小组讨论 ④多媒体等教学方法	（1）方法：讲授法、演示法、项目教学法	4

续表

<table>
<tr><th>模块</th><th>课程</th><th>学习单元</th><th>课程内容</th><th>培训建议</th><th>课堂学时</th></tr>
<tr><td rowspan="8">3．客房楼面管理</td><td rowspan="8">3-3　员工培训</td><td rowspan="3">（3）专业理论培训的实施</td><td>2）培训教案的编写
①确定课题
②拟定大纲
③编写教案
④制作 PPT 等多媒体资料
⑤客房服务员专业理论培训教案实例</td><td rowspan="3">（2）重点：专业理论培训实施的过程
（3）难点：培训教案的编写</td><td rowspan="3"></td></tr>
<tr><td>3）专业理论培训实施过程
①课前准备（教案、场地、设备用品等）
②课堂授课
③课后评估反馈</td></tr>
<tr><td>4）四级 / 中级及以下客房服务员专业理论培训实例</td></tr>
<tr><td rowspan="4">（4）专业技能培训的实施</td><td>1）技能培训方法与技巧
①示范演练
②分步讲解
③学员练习
④现场指导</td><td rowspan="4">（1）方法：讲授法、演示法、项目教学法
（2）重点：专业技能培训实施的过程
（3）难点：技能培训方法的运用</td><td rowspan="4">4</td></tr>
<tr><td>2）技能指导书编写
①技能要求
②技能训练步骤
③技能培训考核方法</td></tr>
<tr><td>3）专业技能培训实施的过程
①课前准备（场地、设备用品等）
②课堂技能练习训练
③课后技能考核评估</td></tr>
<tr><td>4）客房服务员岗前技能培训实例</td></tr>
<tr></tr>
<tr><td colspan="5">课堂学时合计</td><td>50</td></tr>
</table>

2.2.5 培训建议中培训方法说明

1．讲授法

讲授法指教师主要运用语言讲述，系统地向学员传授知识，传播思想理念。即教师通过描绘、解释、推论来传递信息、传授知识、阐明概念、论证定律和公式，引导学员获取知识，认识和分析问题。

2．讨论法

讨论法指在教师的指导下，学员以班级或小组为单位，围绕学习单元的内容，对某一专题进行深入探讨，通过讨论或辩论，从而获得知识或巩固知识的一种教学方法，要求教师在讨论结束时对讨论的主题做归纳性总结。

3．实训法

实训法指学员在教师的指导下巩固知识、运用知识，形成技能技巧的方法。通过实际操作的练习，形成操作技能。

4．参观法

参观法指教师组织或指导学员进行实地观察、调查、研究和学习，使学员获得新知识或巩固已学知识的教学方法。参观教学法可细分为“准备性参观、并行性参观、总结性参观”等。

5．演示法

演示法指在教学过程中，教师通过示范操作和讲解使学员获得知识、技能的教学方法。教学中，教师对操作内容进行现场演示，边操作边讲解，强调操作的关键步骤和注意事项，使学员边学边做，理论与技能并重，师生互动，提高学生的学习兴趣和学习效率。

6．案例教学法

案例教学法指教师通过对案例进行分析，提出问题，分析问题，并找到解决问题的途径和手段，培养学员分析问题、处理问题的能力。

7．项目教学法

项目教学法指以实际应用为目的，将理论知识与实际工作相结合，通过师生共同完成一个完整的项目工作，使学员获得知识和实践操作能力与解决实际问题能力的教学方法。其实施以小组为学习单位，步骤一般分为确定项目任务、计划、决策、实施、检查和评价 6 个步骤。强调学员在学习过程中的主体地位，以学员为中心，以学员学习为主、教师指导为辅，通过完成教学项目，激发学员的学习积极性，使学员既获得相关理论知识，又掌握实践技能和工作方法，提高学员解决实际问题的综合能力。

8．角色扮演法

角色扮演法指学员通过不同角色的扮演，体验自身角色的内涵活动和对方角色的心理，充分展现各种角色的“为”和“位”。

9．情景表演法

情景表演法指教师在实施培训前事先准备和布置培训现场，并设定情景表演的情景、对话内容及评估标准，通过学员现场的情景表演活动以及教师对活动效果的及时评估，从而达到培训的预期效果。

2.3 考核规范

2.3.1 职业基本素质培训考核规范

考核范围	考核比重（%）	考核内容	考核比重（%）	考核单元
1．职业认知与职业道德	10	1-1　职业认知	5	职业认知
		1-2　职业道德基本知识		道德与职业道德
		1-3　职业守则	5	职业守则
2．客房产品知识	10	2-1　客房产品的特性与要求	5	客房产品的特性与要求
		2-2　客房的种类与功能布局	5	客房的种类与功能布局
		2-3　客房设备与客房用品		（1）客房设备
				（2）客房用品
3．清洁剂和清洁器具知识	10	3-1　清洁剂	10	（1）清洁剂分类与用途
				（2）清洁剂储存、发放和使用
		3-2　清洁器具		清洁器具

续表

考核范围	考核比重（%）	考核内容	考核比重（%）	考核单元
4．面层材料维护保养知识	15	4–1　地毯与地面的维护保养	10	（1）地毯的维护保养
				（2）地面的维护保养
		4–2　墙面的维护保养	5	墙面的维护保养
5．安全生产与环境保护知识	15	5–1　安全操作规程	5	（1）安全管理
				（2）钥匙管理
		5–2　防火防盗知识	5	（1）防火知识
				（2）防盗知识
		5–3　绿色饭店与环保知识	5	绿色饭店与环保知识
6．服务心理学与沟通技巧	15	6–1　服务心理学	10	（1）客人心理需求
				（2）服务员心理素质
		6–2　沟通技巧	5	沟通技巧
7．客房常用英语	15	7–1　客房服务常用英语词汇	15	客房服务常用英语词汇
		7–2　客房服务常用英语 200 句		客房服务常用英语 200 句
		7–3　客房服务常用英语情景会话		客房服务常用英语情景会话
8．相关法律、法规知识	10	8–1　法律知识	10	法律知识
		8–2　法规知识		法规知识

2.3.2　五级／初级职业技能培训理论知识考核规范

考核范围	考核比重（%）	考核内容	考核比重（%）	考核单元
1．客房清扫整理	40	1–1　清扫客房前的准备	10	（1）仪表仪容准备
				（2）客房状态了解核实
				（3）客房清扫顺序的安排
				（4）房务工作车的布置
				（5）清洁剂和清洁器具的准备

续表

考核范围	考核比重（%）	考核内容	考核比重（%）	考核单元
1．客房清扫整理	40	1-2　客房清扫整理	30	（1）进入客房程序
				（2）铺床操作程序
				（3）走客房清扫
				（4）住客房清扫
				（5）空房清扫整理
				（6）客房简单整理
				（7）客房维修问题的检查与报告
				（8）清扫客房中常见问题的处理
2．客房杀菌消毒	20	2-1　消毒剂配制	5	（1）百分比和份数比配制消毒剂
				（2）消毒剂（液）的配制
				（3）消毒剂的保管
		2-2　客房消毒	10	（1）客房常用的消毒方法
				（2）客房日常消毒
				（3）走客房的消毒
				（4）特殊情况客房的消毒
		2-3　客用品消毒	5	（1）杯具消毒及保管
				（2）电话机的清洁与消毒
				（3）遥控器的清洁与消毒
3．客房对客服务	40	3-1　楼层迎宾服务	10	（1）客人抵店前的准备工作
				（2）客人抵店时的迎接服务
		3-2　住店日常服务	20	（1）茶水、饮料服务
				（2）微型酒吧服务
				（3）开夜床服务
				（4）洗衣服务
				（5）擦鞋服务
				（6）租借物品服务
				（7）加床服务
		3-3　送客服务	10	（1）客人离店前的准备工作
				（2）散客和团队客人送别服务
				（3）走客房的检查
				（4）客人遗留物品处理

2.3.3　五级 / 初级职业技能培训操作技能考核规范

考核范围	考核比重（%）	考核内容	考核比重（%）	考核形式	选考方式	考核时间（分钟）	重要程度
1. 客房清扫整理	40	1–1　清扫客房前的准备	10	实操	必考	10	X
		1–2　客房清扫整理	30	实操	必考		X
2. 客房杀菌消毒	20	2–1　消毒剂配制	10	实操	必考	10	X
		2–2　客房消毒		实操	必考		X
		2–3　客用品消毒	10	实操	必考		X
3. 客房对客服务	40	3–1　楼层迎宾服务	10	实操	选考	10	Y
		3–2　住店日常服务	20	实操	必考		X
		3–3　送客服务	10	实操	选考		Y

2.3.4　四级 / 中级职业技能培训理论知识考核规范

考核范围	考核比重（%）	考核内容	考核比重（%）	考核单元
1. 客房清扫整理	40	1–1　客房计划卫生	20	（1）客房计划卫生的安排
				（2）客房计划卫生的实施
		1–2　楼层公共区域清洁保养	20	（1）楼层走廊的清洁保养与绿化养护
				（2）楼层工作间的清洁保养
				（3）楼层消毒间的清洁保养
				（4）楼层安全通道的清洁保养
2. 客房对客服务	40	2–1　代办服务	5	（1）客人委托代办服务
				（2）客人修理物品服务
				（3）客人递送转交物品服务
		2–2　针对性服务	25	（1）针对性服务概述
				（2）贵宾针对性服务
				（3）商务客人针对性服务
				（4）长住客针对性服务

续表

考核范围	考核比重（%）	考核内容	考核比重（%）	考核单元
2．客房对客服务	40	2–2　针对性服务		（5）常客针对性服务
				（6）亲子家庭客人针对性服务
				（7）网络订房（OTA）客人针对性服务
				（8）团队客人针对性服务
				（9）其他类型客人针对性服务
				（10）客人相关信息的提供
		2–3　会议布置与服务	5	（1）小型会议室的布置
				（2）会议设备和用品的准备
				（3）会议服务
				（4）饮品服务
		2–4　特殊情况处理	5	（1）“请勿打扰”房的处理
				（2）客人报失的处理
				（3）客人要求开门的处理
				（4）客人携带违禁品的处理
				（5）客房异常情况的处理
				（6）客房报警的处理
3．客用品管理	20	3–1　楼层库房管理	10	（1）楼层库房物品保管
				（2）楼层库房物品盘点
				（3）物品报损
		3–2　客用品配备和领发	10	（1）客房客用品的配备
				（2）客房客用品的领发

2.3.5　四级 / 中级职业技能培训操作技能考核规范

考核范围	考核比重（%）	考核内容	考核比重（%）	考核形式	选考方式	考核时间（分钟）	重要程度
1．客房清扫整理	40	1–1　客房计划卫生	20	实操	必考	10	X
		1–2　楼层公共区域清洁保养	20	实操	选考		Y

续表

考核范围	考核比重（%）	考核内容	考核比重（%）	考核形式	选考方式	考核时间（分钟）	重要程度
2．客房对客服务	40	2-1　代办服务	5	实操	选考	20	Z
		2-2　针对性服务	25	实操	必考		X
		2-3　会议布置与服务	5	实操	必考		Z
		2-4　特殊情况处理	5	实操	必考		X
3．客用品管理	20	3-1　楼层库房管理	10	实操	必考	10	Z
		3-2　客用品配备和领发	10	实操	必考		Z

2.3.6　三级 / 高级职业技能培训理论知识考核规范

考核范围	考核比重（%）	考核内容	考核比重（%）	考核单元
1．客房布置	30	1-1　贵宾房布置	10	（1）贵宾房布置概述
				（2）贵宾房布置操作
		1-2　长包房布置	5	（1）公寓长包房布置
				（2）办公长包房布置
		1-3　特色客房布置	15	（1）特色客房的介绍
				（2）婚房的布置
				（3）女性客房的布置
				（4）儿童客房的布置
2．客房对客服务	30	2-1　专属客房与管家服务	8	（1）专属客房
				（2）管家服务
		2-2　特殊客人服务	8	（1）残障客人的服务
				（2）伤病客人的服务
				（3）醉酒客人的服务
				（4）特殊客人信息提供
		2-3　疑难问题处理	14	（1）客人投诉的受理
				（2）物品损坏事宜的处理
				（3）客房状态差异等情况的处理
				（4）突发事件的处理

续表

考核范围	考核比重(%)	考核内容	考核比重(%)	考核单元
3．客房楼面管理	40	3–1 客房检查督导	15	(1) 客房清洁保养质量检查
				(2) 现场督导管理
		3–2 客房物资管理	10	(1) 客房设备管理
				(2) 客房客用品管理
		3–3 员工培训	15	(1) 培训计划的制订
				(2) 培训方案的编写
				(3) 专业理论培训的实施
				(4) 专业技能培训的实施

2.3.7 三级 / 高级职业技能培训操作技能考核规范

考核范围	考核比重(%)	考核内容	考核比重(%)	考核形式	选考方式	考核时间(分钟)	重要程度
1．客房布置	30	1–1 贵宾房布置	10	实操	必考	15	X
		1–2 长包房布置	5	实操	选考		Y
		1–3 特色客房布置	15	实操	必考		X
2．客房对客服务	30	2–1 专属客房与管家服务	8	实操	必考	15	Y
		2–2 特殊客人服务	8	实操	必考		X
		2–3 疑难问题处理	14	实操	必考		X
3．客房楼面管理	40	3–1 客房检查督导	15	实操	必考	20	X
		3–2 客房物资管理	10	实操	必考		Y
		3–3 员工培训	15	实操	必考		X

附录

培训要求与课程规范对照表

附录 1　职业基本素质培训要求与课程规范对照表

2.1.1　职业基本素质培训要求			2.2.1　职业基本素质培训课程规范			
职业基本素质模块（模块）	培训内容（课程）	培训细目	学习单元	课程内容	培训建议	课堂学时
1. 职业认知与职业道德	1-1　职业认知	（1）客房服务职业认知 （2）客房服务员岗位职责	职业认知	1）客房服务职业认知 ①职业定义 ②职业简介	（1）方法：讲授法、案例教学法 （2）重点：客房服务员岗位职责 （3）难点：客房服务职业认知	2
				2）客房服务员岗位职责 ①基本职责 ②工作内容		
	1-2　职业道德基本知识	（1）道德与职业道德 （2）职业道德的基本原则及要求 （3）良好职业道德的养成	道德与职业道德	1）道德与职业道德 ①道德的内涵 ②职业道德及其特点	（1）方法：讲授法、案例教学法 （2）重点与难点：良好职业道德的养成	2
				2）职业道德的基本原则及要求 ①职业道德的基本原则 ②职业道德的基本要求		
				3）良好职业道德的养成 ①提高职业认知 ②培养职业情感 ③磨炼职业意志 ④坚定职业信念 ⑤养成良好的职业行为和习惯		
	1-3　职业守则	（1）职业守则的基本要求 （2）职业守则的具体要求	职业守则	1）职业守则的基本要求	（1）方法：讲授法、案例教学法 （2）重点：职业守则的具体要求 （3）难点：职业守则的基本要求	2
				2）职业守则的具体要求 ①热情友好，宾客至上 ②遵纪守法，诚实守信 ③文明礼貌，优质服务 ④团结合作，顾全大局 ⑤安全操作，注重环保		
2. 客房产品知识	2-1　客房产品的特性与要求	（1）客房产品的特性 （2）客房产品的要求	客房产品的特性与要求	1）客房产品的特性 ①所有权相对稳定性 ②生产与消费同步性 ③不可储存性 ④季节性 ⑤质量不稳定性 ⑥服务随机性	（1）方法：讲授法、案例教学法 （2）重点：客房产品的要求 （3）难点：客房产品的特性	2
				2）客房产品的要求 ①安全 ②清洁卫生 ③舒适方便 ④具有特色		

续表

<table>
<tr><th colspan="3">2.1.1 职业基本素质培训要求</th><th colspan="4">2.2.1 职业基本素质培训课程规范</th></tr>
<tr><th>职业基本素质模块（模块）</th><th>培训内容（课程）</th><th>培训细目</th><th>学习单元</th><th>课程内容</th><th>培训建议</th><th>课堂学时</th></tr>
<tr><td rowspan="6">2．客房产品知识</td><td rowspan="2">2–2 客房的种类与功能布局</td><td rowspan="2">（1）客房的种类
（2）客房的功能布局</td><td rowspan="2">客房的种类与功能布局</td><td>1）客房的种类
①单人房
②大床房
③双床房
④双套间
⑤多套间
⑥组合套房
⑦总统套房</td><td rowspan="2">（1）方法：讲授法、参观法
（2）重点：客房的种类
（3）难点：客房的功能布局</td><td rowspan="2">2</td></tr>
<tr><td>2）客房的功能布局
①睡眠区域
②工作区域
③起居区域
④房内门廊区域
⑤盥洗区域（卫生间）</td></tr>
<tr><td rowspan="4">2–3 客房设备与客房用品</td><td rowspan="4">（1）客房设备
（2）客房用品</td><td rowspan="2">（1）客房设备</td><td>1）客房设备的配备
①电器
②家具
③卫生洁具
④安全装置
⑤地毯电器</td><td rowspan="2">（1）方法：讲授法、参观法
（2）重点：客房设备的配备
（3）难点：客房设备的发展趋势</td><td rowspan="2">1</td></tr>
<tr><td>2）客房设备的发展趋势
①智能化
②绿色化
③个性化
④更具安全性</td></tr>
<tr><td rowspan="2">（2）客房用品</td><td>1）客房用品的分类
①客用固定用品
②客用消耗用品</td><td rowspan="2">（1）方法：讲授法、参观法
（2）重点与难点：客房用品的配备</td><td rowspan="2">1</td></tr>
<tr><td>2）客房用品的配备
①卧室客用品的配备
②卫生间客用品的配备</td></tr>
<tr><td rowspan="7">3．清洁剂和清洁器具知识</td><td rowspan="7">3–1 清洁剂</td><td rowspan="7">（1）清洁剂分类及用途
（2）清洁剂的储存
（3）清洁剂的发放</td><td rowspan="7">（1）清洁剂分类与用途</td><td>1）酸性清洁剂</td><td rowspan="7">（1）方法：讲授法、演示法
（2）重点与难点：清洁剂的用途</td><td rowspan="7">1</td></tr>
<tr><td>2）中性清洁剂</td></tr>
<tr><td>3）碱性清洁剂</td></tr>
<tr><td>4）溶剂</td></tr>
<tr><td>5）抛光剂</td></tr>
<tr><td>6）空气清新剂</td></tr>
<tr><td>7）石材清洁剂</td></tr>
</table>

续表

<table>
<tr><th colspan="3">2.1.1 职业基本素质培训要求</th><th colspan="4">2.2.1 职业基本素质培训课程规范</th></tr>
<tr><th>职业基本素质模块（模块）</th><th>培训内容（课程）</th><th>培训细目</th><th>学习单元</th><th>课程内容</th><th>培训建议</th><th>课堂学时</th></tr>
<tr><td rowspan="5">3．清洁剂和清洁器具知识</td><td rowspan="3">3-1 清洁剂</td><td rowspan="3">（4）清洁剂的使用</td><td rowspan="3">（2）清洁剂储存、发放和使用</td><td>1）清洁剂的储存</td><td rowspan="3">（1）方法：讲授法、案例教学法
（2）重点：清洁剂的使用
（3）难点：清洁剂的发放</td><td rowspan="3">1</td></tr>
<tr><td>2）清洁剂的发放</td></tr>
<tr><td>3）清洁剂的使用</td></tr>
<tr><td rowspan="2">3-2 清洁器具</td><td rowspan="2">（1）清洁器具的种类和用途
（2）清洁器具的使用和维护保养</td><td rowspan="2">清洁器具</td><td>1）清洁器具的种类和用途
①一般清洁器具
②电动清洁器具</td><td rowspan="2">（1）方法：讲授法、演示法
（2）重点：清洁器具的使用
（3）难点：清洁器具的维护保养</td><td rowspan="2">1</td></tr>
<tr><td>2）清洁器具的使用和维护保养
①清洁器具的使用
②清洁器具的维护保养</td></tr>
<tr><td rowspan="6">4．面层材料维护保养知识</td><td rowspan="5">4-1 地毯与地面的维护保养</td><td rowspan="5">（1）地毯的维护保养
（2）地面的维护保养</td><td rowspan="2">（1）地毯的维护保养</td><td>1）地毯的分类
①羊毛地毯
②混纺地毯
③化纤地毯</td><td rowspan="2">（1）方法：讲授法、演示法
（2）重点：地毯维护保养方法
（3）难点：地毯的分类</td><td rowspan="2">2</td></tr>
<tr><td>2）地毯维护保养方法
①预防性保养
②吸尘
③除渍
④地毯日常清洗
⑤地毯彻底清洗</td></tr>
<tr><td rowspan="3">（2）地面的维护保养</td><td>1）石材地面的维护保养
①大理石地面的维护保养
②花岗岩地面的维护保养
③水磨石地面的维护保养</td><td rowspan="3">（1）方法：讲授法、演示法
（2）重点与难点：地面的维护保养</td><td rowspan="3">2</td></tr>
<tr><td>2）木质地面的维护保养
①天然木质地面的维护保养
②复合木地面的维护保养</td></tr>
<tr><td>3）其他材料地面的维护保养</td></tr>
<tr><td>4-2 墙面的维护保养</td><td>（1）石材墙面的维护保养
（2）木质墙面的维护保养</td><td>墙面的维护保养</td><td>1）石材墙面的维护保养
①大厅石材墙面的维护保养
②卫生间石材墙面的维护保养</td><td>（1）方法：讲授法、演示法</td><td>2</td></tr>
</table>

续表

2.1.1 职业基本素质培训要求			2.2.1 职业基本素质培训课程规范			
职业基本素质模块（模块）	培训内容（课程）	培训细目	学习单元	课程内容	培训建议	课堂学时
4．面层材料维护保养知识	4–2 墙面的维护保养	(3) 墙纸墙面的维护保养 (4) 软墙面的维护保养 (5) 其他材质墙面的维护保养	墙面的维护保养	2）木质墙面的维护保养	(2) 重点：石材与木质墙面的维护保养 (3) 难点：墙纸墙面及软墙面的维护保养	
				3）墙纸墙面的维护保养		
				4）软墙面的维护保养		
				5）其他材质墙面的维护保养 ①涂料类墙面的维护保养 ②镜面金属墙面（柱面）的维护保养 ③文化石墙面的维护保养		
5．安全生产与环境保护知识	5–1 安全操作规程	(1) 安全规章制度 (2) 安全设施 (3) 安全操作 (4) 钥匙管理	(1) 安全管理	1）安全规章制度 ①部门安全制度 ②楼层安全服务制度 ③来访客人管理制度 ④突发事件处理制度 ⑤客人失窃处理制度 ⑥客房部防火制度 ⑦洗衣房、布草房安全操作规范	(1) 方法：讲授法、案例教学法 (2) 重点：安全规章制度、员工安全操作规范 (3) 难点：员工自我防护意识	3
				2）安全设施 ①电视监控系统 ②安全报警系统 ③钥匙系统 ④消防控制系统 ⑤其他安全设施		
				3）安全操作 ①员工安全操作规范 ②员工自我防护意识		
			(2) 钥匙管理	1）钥匙的种类 ①客房钥匙 ②楼层万能钥匙 ③客房万能钥匙 ④公共区域万能钥匙 ⑤饭店总钥匙	(1) 方法：讲授法、案例教学法 (2) 重点：楼层万能钥匙的管理 (3) 钥匙丢失处理	1
				2）楼层万能钥匙的管理 ①统一集中管理 ②制定钥匙管理制度 ③严格钥匙使用 ④钥匙丢失处理		

续表

2.1.1　职业基本素质培训要求			2.2.1　职业基本素质培训课程规范			
职业基本素质模块（模块）	培训内容（课程）	培训细目	学习单元	课程内容	培训建议	课堂学时
5．安全生产与环境保护知识	5-2　防火防盗知识	（1）防火知识 （2）防盗知识	（1）防火知识	1）客房火灾的起因 2）火灾的预防措施 ①制定防火制度 ②减少可燃物质 ③控制着火火源 ④建立防火分隔 ⑤加强日常巡检 3）火警的应急处理 ①及时报警 ②控制火势 ③疏散客人 ④保护现场 4）客房灭火器的使用 ①干粉灭火器 ②二氧化碳灭火器 ③泡沫灭火器	（1）方法：讲授法、演示法、案例教学法 （2）重点：火灾的预防措施 （3）难点：火警的应急处理	2
			（2）防盗知识	1）客房偷盗类型 ①社会不法分子作案 ②客人中不良分子作案 ③内部员工利用工作之便作案 2）客房防盗措施 ①加强钥匙管理 ②完善来访客人制度 ③严格客房清扫制度 ④加强员工思想教育	（1）方法：讲授法、案例教学法 （2）重点与难点：客房防盗措施	2
	5-3　绿色饭店与环保知识	（1）绿色饭店定义 （2）绿色饭店标准 （3）绿色饭店建立的基本原则	绿色饭店与环保知识	1）绿色饭店定义 2）绿色饭店标准 ①绿色设计 ②能源管理 ③环境保护 ④降低物资消耗 ⑤提供绿色产品与服务 ⑥社会环境效益 ⑦经济效益 ⑧绿色管理 3）绿色饭店建立的基本原则 ①减量化原则 ②再使用原则 ③替代原则 4）环保“3R”在客房的运用	（1）方法：讲授法、讨论法、项目教学法 （2）重点：绿色饭店标准与建立的基本原则 （3）难点：环保“3R”在客房的运用	2

续表

2.1.1 职业基本素质培训要求			2.2.1 职业基本素质培训课程规范			
职业基本素质模块（模块）	培训内容（课程）	培训细目	学习单元	课程内容	培训建议	课堂学时
6．服务心理学与沟通技巧	6–1 服务心理学	（1）客人心理需求分析 （2）客人客房服务心理需求及服务策略 （3）服务员心理素质要求 （4）服务员心理素质培养	（1）客人心理需求	1）客人心理需求分析 ①生理需求 ②安全需求 ③社交需求 ④尊重需求 ⑤自我实现需求	（1）方法：讲授法、讨论法、案例教学法 （2）重点：客人客房服务心理需求及服务策略 （3）难点：客人心理需求分析	2
				2）客人客房服务心理需求及服务策略 ①求安全的服务策略 ②求清洁卫生的服务策略 ③求舒适方便的服务策略 ④求尊重的服务策略 ⑤求适度的服务策略		
			（2）服务员心理素质	1）服务员心理素质要求 ①个性因素 ②情感因素 ③知识因素 ④服务技能	（1）方法：讲授法、讨论法、案例教学法 （2）重点：服务员心理素质要求 （3）难点：服务员心理素质的培养	2
				2）服务员心理素质培养 ①严格选拔，严格培训 ②在实践中锻炼 ③虚心学习		
	6–2 沟通技巧	（1）沟通基本原理 （2）有效沟通技巧 （3）对客沟通技巧	沟通技巧	1）沟通的基本原理 ①沟通的定义 ②沟通的过程 ③沟通的方式	（1）方法：讲授法、案例教学法、角色扮演法 （2）重点：对客沟通技巧 （3）难点：有效沟通技巧	4
				2）有效沟通技巧 ①提高语言技巧 ②学会主动倾听 ③运用肢体语言		
				3）对客沟通技巧 ①良好的第一印象 ②关注客人 ③提高表达能力 ④提供个性化服务 ⑤以客人为中心 ⑥有同理心		

续表

<table>
<tr><th colspan="3">2.1.1 职业基本素质培训要求</th><th colspan="4">2.2.1 职业基本素质培训课程规范</th></tr>
<tr><th>职业基本素质模块（模块）</th><th>培训内容（课程）</th><th>培训细目</th><th>学习单元</th><th>课程内容</th><th>培训建议</th><th>课堂学时</th></tr>
<tr><td rowspan="17">7. 客房常用英语</td><td rowspan="7">7–1 客房服务常用英语词汇</td><td rowspan="7">（1）客房种类
（2）客房状态
（3）客房家具设备
（4）客房用品
（5）清洁设备及用品
（6）其他设备及用品
（7）对客服务</td><td rowspan="7">客房服务常用英语词汇</td><td>1）客房种类</td><td rowspan="7">（1）方法：讲授法
（2）重点与难点：客房对客服务英语词汇</td><td rowspan="7">4</td></tr>
<tr><td>2）客房状态</td></tr>
<tr><td>3）客房家具设备</td></tr>
<tr><td>4）客房用品</td></tr>
<tr><td>5）清洁设备及用品</td></tr>
<tr><td>6）其他设备及用品</td></tr>
<tr><td>7）对客服务</td></tr>
<tr><td rowspan="6">7–2 客房服务常用英语200句</td><td rowspan="6">（1）问候欢迎
（2）自我介绍
（3）节日问候
（4）征求客人意见
（5）致歉语
（6）客房服务</td><td rowspan="6">客房服务常用英语200句</td><td>1）问候欢迎</td><td rowspan="6">（1）方法：讲授法、情景表演法
（2）重点与难点：客房对客服务英语</td><td rowspan="6">4</td></tr>
<tr><td>2）自我介绍</td></tr>
<tr><td>3）节日问候</td></tr>
<tr><td>4）征求客人意见</td></tr>
<tr><td>5）致歉语</td></tr>
<tr><td>6）客房对客服务</td></tr>
<tr><td rowspan="4">7–3 客房服务常用英语情景会话</td><td rowspan="4">（1）新客入住
（2）对客服务
（3）客房清扫
（4）离店服务</td><td rowspan="4">客房服务常用英语情景会话</td><td>1）新客入住服务英语情景会话
①引领客人进房
②介绍房间设施</td><td rowspan="4">（1）方法：讲授法、情景表演法
（2）重点：客房英语情景会话
（3）难点：不同服务情境英语的表达</td><td rowspan="4">4</td></tr>
<tr><td>2）客房对客服务英语情景会话
①送茶服务
②洗衣服务
③开夜床服务
④租借物品服务
⑤物品修理服务</td></tr>
<tr><td>3）客房清扫服务英语情景会话
①进入客房清扫
②客人要求清扫客房</td></tr>
<tr><td>4）客人离店服务英语情景会话</td></tr>
</table>

续表

2.1.1 职业基本素质培训要求			2.2.1 职业基本素质培训课程规范			
职业基本素质模块（模块）	培训内容（课程）	培训细目	学习单元	课程内容	培训建议	课堂学时
8．相关法律、法规知识	8-1 法律知识	(1)《中华人民共和国劳动合同法》相关知识 (2)《中华人民共和国消防法》相关知识 (3)《中华人民共和国消费者权益保护法》相关知识 (4)《中华人民共和国治安管理处罚法》相关知识	法律知识	1)《中华人民共和国劳动合同法》相关知识 ①劳动合同的订立 ②劳动合同的履行和变更 ③劳动合同的解除 ④劳动合同的终止 ⑤解除和终止劳动合同的经济补偿	(1) 方法：讲授法、案例教学法 (2) 重点与难点：与客房服务职业相关的法律知识	3
				2)《中华人民共和国消防法》相关知识 ①单位消防安全责任 ②公民的权利和义务 ③公众聚集场所消防安全检查 ④电器产品、燃气用具消防安全要求 ⑤举办大型群众性活动的消防安全要求 ⑥消防产品监督管理制度		
				3)《中华人民共和国消费者权益保护法》相关知识 ①消费者的权益 ②经营者的义务 ③其他相关知识		
				4)《中华人民共和国治安管理处罚法》相关知识 ①治安管理处罚的种类 ②违反治安管理的行为和处罚		
	8-2 法规知识	(1)《旅游安全管理办法》相关知识 (2)《旅馆业治安管理办法》相关知识	法规知识	1)《旅游安全管理办法》相关知识 ①经营安全 ②风险提示 ③安全管理 ④罚则	(1) 方法：讲授法、案例教学法 (2) 重点与难点：与客房服务职业相关的法规知识	1
				2)《旅馆业治安管理办法》相关知识 ①旅客接待住宿规范 ②贵重物品处理规范 ③遗留物品处理规范 ④公安机关的职责和权力 ⑤其他规定		
课堂学时合计						55

附录 2　五级 / 初级职业技能培训要求与课程规范对照表

2.1.2　五级 / 初级职业技能培训要求				2.2.2　五级 / 初级职业技能培训课程规范			
职业功能模块（模块）	培训内容（课程）	技能目标	培训细目	学习单元	课程内容	培训建议	课堂学时
1．客房清扫整理	1-1　清扫客房前的准备	1-1-1　能进行仪表仪容准备	（1）个人卫生的整理 （2）工服的规范穿戴 （3）仪表仪容检查	（1）仪表仪容准备	1）个人仪表仪容要求 ①个人卫生 ②个人工服穿戴规范 2）仪表仪容检查	（1）方法：讲授法、演示法 （2）重点与难点：个人卫生、工服穿戴	1
		1-1-2　能了解核实客房状态	（1）接受当班工作任务 （2）客房状态的核实	（2）客房状态了解核实	1）接受当班工作任务 2）客房状态 ①客房状态的类型 ②客房状态的核实 3）不同房态客房清扫整理要求 ①走客房 ②住房房 ③贵宾房 ④保留房 ⑤空房、待修房 ⑥预期离店客房	（1）方法：讲授法、案例教学法 （2）重点：客房状态 （3）难点：不同房态客房清扫整理要求	1
		1-1-3　能安排客房清扫顺序	（1）旅游旺季客房清扫顺序安排 （2）旅游淡季客房清扫顺序安排 （3）长包房等客房清扫安排	（3）客房清扫顺序的安排	1）安排客房清扫顺序的原则 ①根据客房出租要求 ②根据住客的需求 2）客房清扫顺序具体安排 ①旅游旺季客房清扫顺序安排 ②旅游淡季客房清扫顺序安排 ③长包房等客房清扫顺序安排	（1）方法：讲授法、案例教学法 （2）重点：客房清扫顺序具体安排 （3）难点：长包房等客房清扫安排	1
		1-1-4　能布置房务工作车	（1）房务工作车物品准备	（4）房务工作车的布置	1）房务工作车物品准备 ①房务工作车物品配备标准 ②房务工作车物品摆放要求	（1）方法：讲授法、演示法	2

续表

<table>
<tr><th colspan="4">2.1.2 五级 / 初级职业技能培训要求</th><th colspan="4">2.2.2 五级 / 初级职业技能培训课程规范</th></tr>
<tr><th>职业功能模块（模块）</th><th>培训内容（课程）</th><th>技能目标</th><th>培训细目</th><th>学习单元</th><th>课程内容</th><th>培训建议</th><th>课堂学时</th></tr>
<tr><td rowspan="5">1. 客房清扫整理</td><td rowspan="3">1-1 清扫客房前的准备</td><td rowspan="2">1-1-4 能布置房务工作车</td><td rowspan="2">（2）房务工作车物品摆放</td><td rowspan="2">（4）房务工作车的布置</td><td>2）房务工作车物品摆放</td><td rowspan="2">（2）重点：房务工作车物品摆放
（3）难点：提篮操作法</td><td rowspan="2"></td></tr>
<tr><td>3）提篮操作法
①提篮操作法的实施
②提篮操作法的利弊</td></tr>
<tr><td>1-1-5 能备齐清洁剂和清洁器具</td><td>（1）清洁剂的配备与使用
（2）清洁器具的配备与使用</td><td>（5）清洁剂和清洁器具的准备</td><td>1）清洁剂的配备与使用
①清洁剂配备要求
②清洁剂的使用
2）清洁器具的配备与使用
①清洁器具配备要求
②吸尘器的配备与使用
③抹布的配备与使用
④其他清洁物品的配备与使用</td><td>（1）方法：讲授法、演示法
（2）重点：清洁器具的配备与使用
（3）难点：清洁剂的配备与使用</td><td>2</td></tr>
<tr><td rowspan="2">1-2 客房清扫整理</td><td>1-2-1 能按程序进入客房</td><td>（1）进入客房操作
（2）常见问题的处理</td><td>（1）进入客房程序</td><td>1）进入客房操作
2）常见问题的处理
①“请即清扫”房的处理
②“请勿打扰”房的处理
③“无须服务”房的处理
④其他情况的处理</td><td>（1）方法：讲授法、演示法、案例教学法
（2）重点：进入住客房操作
（3）难点：常见问题的处理</td><td>2</td></tr>
<tr><td>1-2-2 能按程序铺床</td><td>（1）中式铺床操作
（2）西式铺床操作</td><td>（2）铺床操作程序</td><td>1）中式铺床操作
①质量标准
②操作程序
③操作要领
2）西式铺床
①西式铺床物品配备
②西式铺床质量标准
3）中西式铺床方法比较</td><td>（1）方法：讲授法、演示法、实训法
（2）重点：中式铺床操作
（3）难点：中式铺床操作要领</td><td>8</td></tr>
</table>

续表

2.1.2 五级 / 初级职业技能培训要求				2.2.2 五级 / 初级职业技能培训课程规范			
职业功能模块（模块）	培训内容（课程）	技能目标	培训细目	学习单元	课程内容	培训建议	课堂学时
1．客房清扫整理	1-2 客房清扫整理	1-2-3 能清扫走客房	（1）走客房卧室清扫整理 （2）走客房卫生间清扫整理	（3）走客房清扫	1）客房清扫方法 2）走客房清扫要求 3）走客房卧室清扫 4）走客房卫生间清扫 5）清扫走客房的注意事项	（1）方法：讲授法、演示法、实训法 （2）重点：走客房卧室清扫 （3）难点：走客房卫生间清扫	4
		1-2-4 能清扫住客房	（1）住客房卧室清扫 （2）住客房卫生间清扫	（4）住客房清扫	1）住客房清扫要求 2）住客房卧室清扫 3）住客房卫生间清扫 4）清扫住客房的注意事项	（1）方法：讲授法、演示法、实训法 （2）重点：住客房清扫 （3）难点：清扫住客房的注意事项	2
		1-2-5 能整理空房	（1）空房卧室整理 （2）空房卫生间整理 （3）空房设备用品检查	（5）空房清扫整理	1）空房清扫整理要求 2）空房卧室整理 3）空房卫生间整理 4）空房设备用品检查 ①电器设备检查 ②家具检查 ③卫生洁具检查 ④客用品检查	（1）方法：讲授法、演示法、实训法 （2）重点：空房整理 （3）难点：空房设备用品检查	1
		1-2-6 能简单整理客房（客房小整理）	（1）客房卧室简单整理 （2）客房卫生间简单整理	（6）客房简单整理	1）客房简单整理要求 2）客房卧室简单整理 3）客房卫生间简单整理 4）客用消耗品补充	（1）方法：讲授法、演示法、实训法 （2）重点：客房简单整理 （3）难点：客用消耗品补充	1

续表

2.1.2 五级 / 初级职业技能培训要求				2.2.2 五级 / 初级职业技能培训课程规范			
职业功能模块（模块）	培训内容（课程）	技能目标	培训细目	学习单元	课程内容	培训建议	课堂学时
1. 客房清扫整理	1–2 客房清扫整理	1–2–7 能检查与报告客房维修问题	（1）客房维修问题的检查 （2）客房维修问题的报告	（7）客房维修问题的检查与报告	1）客房维修问题的检查 ①检查制度 ②检查项目及重点 ③检查方法 2）客房维修问题的报告 ①报修制度 ②报修方法	（1）方法：讲授法、演示法、实训法 （2）重点与难点：客房维修问题的检查	1
		1–2–8 能处理客房清扫中常见的问题	（1）清扫过程中客人回房的处理 （2）房内送餐服务餐具的收取 （3）客人自带、外卖食品的处理 （4）房内有现金或贵重物品的处理 （5）污染布草的处理	（8）清扫客房中常见问题的处理	1）清扫过程中客人回房的处理 2）房内送餐服务餐具的收取 3）客人自带、外卖食品的处理 4）房内有现金或贵重物品的处理 5）污染布草的处理	（1）方法：讲授法、演示法、案例教学法 （2）重点与难点：清扫客房中常见问题的处理	1
2. 客房杀菌消毒	2–1 消毒剂配制	2–1–1 能按百分比和份数比配制消毒剂	（1）客房消毒剂的选用 （2）百分比配制消毒剂 （3）份数比配制消毒剂	（1）百分比和份数比配制消毒剂	1）客房消毒剂的选用 2）消毒剂配制常识 3）消毒剂的配制 ①百分比配制消毒剂 ②份数比配制消毒剂 4）安全防护知识	（1）方法：讲授法、演示法 （2）重点与难点：消毒剂的配制、安全防护知识	1
		2–1–2 能配置常用消毒剂（液）	（1）“84”消毒剂的配制 （2）氯亚明消毒剂的配制 （3）消毒片的使用	（2）消毒剂（液）的配制	1）“84”消毒剂的配制 2）氯亚明消毒剂的配制 3）消毒片的使用 4）配制消毒剂的注意事项 ①按照要求配制 ②做好安全防护	（1）方法：讲授法、演示法、实训法 （2）重点：“84”消毒剂的配制、消毒片的使用 （3）难点：配制消毒剂的注意事项	1

续表

2.1.2 五级 / 初级职业技能培训要求				2.2.2 五级 / 初级职业技能培训课程规范			
职业功能模块（模块）	培训内容（课程）	技能目标	培训细目	学习单元	课程内容	培训建议	课堂学时
2．客房杀菌消毒	2-1 消毒剂配制	2-1-3 能保管消毒剂	（1）储存柜的准备 （2）消毒剂的存放	（3）消毒剂的保管	1）消毒剂的保管要求 ①消毒剂的存放条件 ②储存柜的配备 2）消毒剂的存放 ①操作程序 ②注意事项	（1）方法：讲授法、演示法、实训法 （2）重点：消毒剂的保管要求 （3）难点：消毒剂存放的注意事项	1
	2-2 客房消毒	2-2-1 能使用常用消毒方法进行消毒	（1）通风采光 （2）物理消毒 （3）化学消毒	（1）客房常用的消毒方法	1）卫生防疫知识 ①饭店经常性卫生要求 ②员工个人卫生要求 ③除虫灭害 2）客房消毒标准 ①杯具消毒标准 ②卫生洁具消毒标准 ③空气卫生质量标准 3）客房常用消毒方法 ①通风采光 ②物理消毒 ③化学消毒	（1）方法：讲授法、演示法、实训法 （2）重点：卫生防疫知识、客房常用消毒方法 （3）难点：客房消毒标准	4
		2-2-2 能对客房进行日常消毒	（1）客房卧室日常消毒 （2）客房卫生间日常消毒	（2）客房日常消毒	1）客房日常消毒制度与方法 ①客房日常消毒制度 ②客房日常消毒方法 2）客房日常消毒操作 ①客房卧室日常消毒 ②客房卫生间日常消毒 ③注意事项	（1）方法：讲授法、演示法、实训法 （2）重点与难点：客房日常消毒操作	4

续表

2.1.2 五级 / 初级职业技能培训要求				2.2.2 五级 / 初级职业技能培训课程规范			
职业功能模块（模块）	培训内容（课程）	技能目标	培训细目	学习单元	课程内容	培训建议	课堂学时
2．客房杀菌消毒	2-2 客房消毒	2-2-3 能对走客房进行消毒	（1）走客房卧室的消毒 （2）走客房卫生间的消毒	（3）走客房的消毒	1）走客房消毒制度与方法 ①走客房消毒制度 ②走客房消毒方法 2）走客房消毒操作 ①走客房卧室消毒 ②走客房卫生间消毒 ③注意事项	（1）方法：讲授法、演示法、实训法 （2）重点与难点：走客房消毒操作	2
		2-2-4 能对特殊情况的客房进行消毒	（1）宠物停留客房的消毒 （2）生病客人客房的消毒 （3）死亡客人客房的消毒 （4）公共卫生事件突发期间客房的防疫	（4）特殊情况客房的消毒	1）特殊情况客房的消毒制度与方法 ①特殊情况客房的消毒制度 ②特殊情况客房的消毒方法 2）特殊情况客房的消毒规范 ①宠物停留客房的消毒 ②生病客人客房的消毒 ③死亡客人客房的消毒 ④公共卫生事件突发期间客房的防疫工作	（1）方法：讲授法、演示法、实训法 （2）重点：特殊情况客房的消毒规范 （3）难点：公共卫生事件突发期间客房的防疫工作	2
	2-3 客用品消毒	2-3-1 能对杯具进行消毒及保管	（1）杯具的消毒 （2）杯具的保管	（1）杯具消毒及保管	1）杯具的消毒制度与方法 ①杯具的消毒制度 ②杯具的消毒方法 2）用消毒剂消毒杯具 3）用消毒柜消毒杯具 4）杯具的保管与周转 ①杯具的保管 ②杯具的周转	（1）方法：讲授法、演示法、实训法 （2）重点：用消毒剂消毒杯具、用消毒柜消毒杯具 （3）难点：杯具的保管与周转	4

续表

<table>
<tr><th colspan="4">2.1.2　五级 / 初级职业技能培训要求</th><th colspan="4">2.2.2　五级 / 初级职业技能培训课程规范</th></tr>
<tr><th>职业功能模块（模块）</th><th>培训内容（课程）</th><th>技能目标</th><th>培训细目</th><th>学习单元</th><th>课程内容</th><th>培训建议</th><th>课堂学时</th></tr>
<tr><td rowspan="7">2．客房杀菌消毒</td><td rowspan="7">2–3　客用品消毒</td><td rowspan="3">2–3–2　能对电话机进行消毒</td><td rowspan="3">（1）电话机的清洁
（2）电话机的擦拭消毒</td><td rowspan="3">（2）电话机的清洁与消毒</td><td>1）电话机的消毒制度与方法
①电话机的消毒制度
②电话机的消毒方法</td><td rowspan="3">（1）方法：讲授法、演示法、实训法
（2）重点与难点：电话机的擦拭消毒</td><td rowspan="3">1</td></tr>
<tr><td>2）电话机的清洁
①听筒清洁
②电话线清洁
③按键及底座清洁</td></tr>
<tr><td>3）电话机的擦拭消毒</td></tr>
<tr><td rowspan="4">2–3–3　能对遥控器机进行消毒</td><td rowspan="4">（1）遥控器的清洁
（2）消毒剂消毒
（3）紫外线消毒</td><td rowspan="4">（3）遥控器的清洁与消毒</td><td>1）遥控器的消毒制度与方法
①遥控器的消毒制度
②遥控器的消毒方法</td><td rowspan="4">（1）方法：讲授法、演示法、实训法
（2）重点：用消毒剂消毒遥控器、用紫外线消毒遥控器
（3）难点：遥控器按键的清洁</td><td rowspan="4">1</td></tr>
<tr><td>2）遥控器的清洁
①外壳的清洁
②按键的清洁</td></tr>
<tr><td>3）用消毒剂消毒遥控器</td></tr>
<tr><td>4）用紫外线消毒遥控器</td></tr>
<tr><td rowspan="3">3．客房对客服务</td><td rowspan="3">3–1　楼层迎宾服务</td><td rowspan="2">3–1–1　能进行客人抵店前的准备工作</td><td rowspan="2">（1）了解客情及饭店接待规格
（2）检查、布置客房</td><td rowspan="2">（1）客人抵店前的准备工作</td><td>1）楼层迎客服务要求</td><td rowspan="2">（1）方法：讲授法、演示法、案例教学法
（2）重点：了解客情、检查客房
（3）难点：针对客情进行客房布置</td><td rowspan="2">1</td></tr>
<tr><td>2）客人抵店的准备工作
①了解客情
②了解饭店接待规格
③检查客房
④布置客房</td></tr>
<tr><td>3–1–2　能提供客人抵店时的迎接服务</td><td>（1）散客的迎接服务</td><td>（2）客人抵店时的迎接服务</td><td>1）散客的迎接服务
①楼层迎客
②引领客人进房
③客房设备设施介绍</td><td>（1）方法：讲授法、演示法、实训法</td><td>1</td></tr>
</table>

续表

2.1.2　五级 / 初级职业技能培训要求				2.2.2　五级 / 初级职业技能培训课程规范			
职业功能模块（模块）	培训内容（课程）	技能目标	培训细目	学习单元	课程内容	培训建议	课堂学时
3．客房对客服务	3-1　楼层迎宾服务	3-1-2　能提供客人抵店时的迎接服务	（2）团队客人的迎接服务	（2）客人抵店时的迎接服务	2）团队客人的迎接服务 ①楼层迎客 ②协助行李员分送行李 ③引领客人进房	（2）重点：楼层迎客、引领客人进房 （3）难点：客房设备设施的介绍	
	3-2　住店日常服务	3-2-1　能提供茶水、饮料服务	（1）送茶服务 （2）饮料服务	（1）茶水、饮料服务	1）茶叶常识 ①茶的种类 ②茶水的沏泡 ③饮茶习惯 ④饮茶方法 ⑤茶叶的保管	（1）方法：讲授法、演示法、实训法 （2）重点：送茶服务 （3）难点：茶水的沏泡	2
					2）送茶服务 ①沏泡茶叶 ②送茶进房 ③注意事项		
					3）饮料服务 ①操作准备 ②送饮料进房 ③注意事项		
		3-2-2　能提供微型酒吧服务	（1）微型酒吧物品配备 （2）微型酒吧检查	（2）微型酒吧服务	1）微型酒吧物品配备 ①酒水配备 ②佐酒食品配备 ③其他物品配备	（1）方法：讲授法、演示法、实训法 （2）重点：微型酒吧检查 （3）难点：走客房微型酒吧消耗检查	1
					2）微型酒吧检查 ①日常检查 ②走客房消耗检查 ③账单填写 ④酒水食品补充		
		3-2-3　能提供开夜床服务	（1）整理客房 （2）开夜床操作 （3）补充客用品	（3）开夜床服务	1）开夜床服务意义	（1）方法：讲授法、演示法、实训法 （2）重点：开夜床服务操作 （3）难点：开夜床服务常见问题的处理	1
					2）开夜床服务内容 ①整理客房 ②开夜床 ③补充客用品		
					3）开夜床服务操作		
					4）开夜床服务常见问题的处理		

续表

2.1.2 五级 / 初级职业技能培训要求				2.2.2 五级 / 初级职业技能培训课程规范			
职业功能模块（模块）	培训内容（课程）	技能目标	培训细目	学习单元	课程内容	培训建议	课堂学时
3. 客房对客服务	3-2 住店日常服务	3-2-4 能提供洗衣服务	（1）客衣的收取 （2）客衣的返送	（4）洗衣服务	1）洗衣服务项目 ①干洗服务 ②水洗服务 ③熨烫服务 2）洗衣服务收费 ①普通洗衣服务收费 ②快件洗衣服务收费 3）洗衣服务规范 ①客衣的收取检查 ②客衣的交接 ③客衣的返送 4）洗衣服务注意事项	（1）方法：讲授法、案例教学法、情景表演法 （2）重点：洗衣服务规范 （3）难点：客衣的收取检查	1
		3-2-5 能提供擦鞋服务	（1）皮鞋的收取与皮质的识别 （2）不同皮质皮鞋的擦拭	（5）擦鞋服务	1）鞋油知识 2）皮鞋的收取与皮质的识别 ①皮鞋的收取 ②皮质的识别 3）不同皮质皮鞋的擦拭 ①牛羊皮皮鞋、真皮运动鞋的擦拭 ②漆皮、皱漆皮皮鞋的擦拭 ③磨砂皮皮鞋的擦拭 4）擦鞋服务注意事项 5）自动擦鞋器的配备与使用要求	（1）方法：讲授法、演示法、实训法 （2）重点：牛羊皮皮鞋、真皮运动鞋的擦拭 （3）难点：漆皮等皮质皮鞋的擦拭	1
		3-2-6 能提供租借物品服务	（1）租用物品服务 （2）借用物品服务	（6）租借物品服务	1）租借物品种类 ①租用物品 ②借用物品 2）租借物品服务规范 ①租借一般物品服务规范 ②租借电器类物品服务规范 3）租借物品服务注意事项	（1）方法：讲授法、演示法、情景表演法 （2）重点：租借物品服务规范 （3）难点：租借电器类物品服务规范	1

续表

2.1.2 五级 / 初级职业技能培训要求				2.2.2 五级 / 初级职业技能培训课程规范			
职业功能模块（模块）	培训内容（课程）	技能目标	培训细目	学习单元	课程内容	培训建议	课堂学时
3. 客房对客服务	3-2 住店日常服务	3-2-7 能提供加床服务	（1）加床物品准备 （2）加床服务操作	（7）加床服务	1）加床服务类型 2）加床物品准备 ①检查加床床具 ②准备床上布草 ③备齐其他客用品 3）加床服务操作 ①放置床具 ②规范铺床 ③添补客用品	（1）方法：讲授法、演示法、情景表演法 （2）重点与难点：加床服务操作	1
	3-3 送客服务	3-3-1 能进行客人离店前的准备工作	（1）客房消费账单检查 （2）客人委托代办事项落实检查 （3）客人意见征求	（1）客人离店前的准备工作	1）客房消费账单检查 ①微型酒吧消费账单检查 ②洗衣费用账单检查 2）客人委托代办事项落实检查 3）客人意见征求 ①客人意见征求时机 ②客人意见征求方法 ③客人意见的记录与反馈	（1）方法：讲授法、演示法、实训法 （2）重点：客人委托代办事项落实检查 （3）难点：客人意见征求	1
		3-3-2 能提供散客和团队客人送别服务	（1）散客送别服务 （2）团队客人送别服务	（2）散客和团队客人送别服务	1）散客送别服务 ①礼貌道别 ②电梯服务 2）团队客人送别服务 ①礼貌道别 ②行李服务 ③电梯服务	（1）方法：讲授法、演示法、实训法 （2）重点：散客送别服务 （3）难点：团队客人送别服务	1
		3-3-3 能检查走客房	（1）走客房检查项目	（3）走客房的检查	1）走客房检查项目 ①客人遗留物品检查 ②客房消费情况检查 ③客房设备用品检查	（1）方法：讲授法、演示法、实训法	2

续表

2.1.2 五级 / 初级职业技能培训要求				2.2.2 五级 / 初级职业技能培训课程规范			
职业功能模块（模块）	培训内容（课程）	技能目标	培训细目	学习单元	课程内容	培训建议	课堂学时
3．客房对客服务	3-3 送客服务	3-3-3 能检查走客房	（2）走客房检查操作	（3）走客房的检查	2）走客房检查操作 ①走客房卧室检查 ②走客房卫生间检查	（2）重点：客人遗留物品检查 （3）难点：客房消费情况检查	
		3-3-4 能报告客人遗留物品	（1）客人遗留物品的分类 （2）客人遗留物品的处理	（4）客人遗留物品处理	1）客人遗留物品的分类 ①贵重物品 ②非贵重物品 ③证件类物品	（1）方法：讲授法、案例教学法、讨论法 （2）重点与难点：客人遗留物品具体处理	1
					2）客人遗留物品具体处理 ①客人遗留物品的报告 ②客人遗留物品的保管		
课堂学时合计							63

附录 3　四级 / 中级职业技能培训要求与课程规范对照表

2.1.3 四级 / 中级职业技能培训要求				2.2.3 四级 / 中级职业技能培训课程规范			
职业功能模块（模块）	培训内容（课程）	技能目标	培训细目	学习单元	课程内容	培训建议	课堂学时
1．客房清扫整理	1-1 客房计划卫生	1-1-1 能安排客房计划卫生	（1）客房计划卫生项目的确定 （2）客房计划卫生工作的安排	（1）客房计划卫生的安排	1）客房计划卫生的意义	（1）方法：讲授法、演示法 （2）重点：客房计划卫生工作的安排 （3）难点：客房计划卫生项目的确定	2
					2）客房计划卫生项目的确定 ①家具 ②电器设备 ③卫生洁具 ④金属制品 ⑤其他物件		
					3）客房计划卫生工作的安排 ①短期计划卫生 ②中期计划卫生 ③长期计划卫生		

续表

2.1.3　四级 / 中级职业技能培训要求				2.2.3　四级 / 中级职业技能培训课程规范			
职业功能模块（模块）	培训内容（课程）	技能目标	培训细目	学习单元	课程内容	培训建议	课堂学时
1. 客房清扫整理	1–1 客房计划卫生	1–1–2 能进行客房计划卫生工作	(1) 家具的清洁保养 (2) 电器设备的清洁保养 (3) 卫生洁具的清洁保养 (4) 金属制品的清洁保养 (5) 其他物件的清洁保养 (6) 防治虫害	(2) 客房计划卫生的实施	1) 家具的清洁保养 ①床垫及床架的清洁保养 ②软面沙发的清洁保养 ③木质家具的清洁保养	(1) 方法：讲授法、演示法、案例教学法 (2) 重点：家具、电器设备及卫生洁具的清洁保养 (3) 难点：实施客房计划卫生的注意事项	4
					2) 电器设备的清洁保养 ①电冰箱的清洁保养 ②电视机的清洁保养 ③空调（风口、过滤网）的清洁保养 ④其他电器的清洁保养		
					3) 卫生洁具的清洁保养		
					4) 金属制品的清洁保养		
					5) 其他物件的清洁保养		
					6) 防治虫害		
					7) 实施客房计划卫生的注意事项 ①安全操作 ②规范使用工具 ③做好房态的复核与调整		
	1–2 楼层公共区域清洁保养	1–2–1 能清洁保养楼层走廊	(1) 楼层走廊的清洁保养	(1) 楼层走廊的清洁保养与绿化养护	1) 楼层公共区域清洁保养概述 ①楼层公共区域清洁保养项目 ②楼层公共区域清洁保养要求	(1) 方法：讲授法、演示法、案例教学法	3

续表

2.1.3　四级 / 中级职业技能培训要求				2.2.3　四级 / 中级职业技能培训课程规范			
职业功能模块（模块）	培训内容（课程）	技能目标	培训细目	学习单元	课程内容	培训建议	课堂学时
1．客房清扫整理	1–2　楼层公共区域清洁保养	1–2–1　能清洁保养楼层走廊	（2）花卉、绿植的养护	（1）楼层走廊的清洁保养与绿化养护	2）楼层走廊的清洁保养 ①地毯的清洁保养 ②硬地面的清洁保养 ③客梯厅的清洁保养 ④护墙板 / 墙纸的清洁保养 ⑤装饰品等的清洁保养	（2）重点：楼层走廊的清洁保养 （3）难点：地毯的清洁保养	
					3）花卉、绿植的养护		
		1–2–2　能清洁保养楼层工作间	（1）楼层工作间的空间布局 （2）楼层工作间的清洁保养	（2）楼层工作间的清洁保养	1）楼层工作间的空间布局	（1）方法：讲授法、演示法、案例教学法 （2）重点：楼层工作间清洁保养的内容 （3）难点：制冰机的检查与清洁保养	1
					2）楼层工作间清洁保养的内容 ①物品架、储物柜的布置整理 ②制冰机的检查与清洁保养 ③其他区域的清洁保养		
		1–2–3　能清洁保养楼层消毒间	（1）楼层消毒间的布置 （2）楼层消毒间的清洁保养	（3）楼层消毒间的清洁保养	1）楼层消毒间的布置 ①布置标准 ②布置要求	（1）方法：讲授法、演示法、案例教学法 （2）重点：楼层消毒间清洁保养的内容 （3）难点：楼层消毒间的清洁卫生要求	1
					2）楼层消毒间的清洁卫生要求		
					3）楼层消毒间清洁保养的内容 ①水池的清洁保养 ②消毒柜的清洁保养 ③其他清洁保养工作		

续表

2.1.3 四级 / 中级职业技能培训要求				2.2.3 四级 / 中级职业技能培训课程规范			
职业功能模块（模块）	培训内容（课程）	技能目标	培训细目	学习单元	课程内容	培训建议	课堂学时
1．客房清扫整理	1–2 楼层公共区域清洁保养	1–2–4 能清洁保养楼层安全通道	（1）楼层安全通道清/楼梯的清洁保养 （2）防火门及安全器材的检查与清洁保养	（4）楼层安全通道的清洁保养	1）楼层安全通道清洁保养项目及要求 ①楼层安全通道清洁保养项目 ②不同设备物品清洁保养要求 2）安全通道/楼梯的清洁保养 3）防火门的检查与清洁保养 ①防火门的检查 ②防火门的清洁保养 4）安全器材的检查与清洁保养 ①安全器材的检查 ②安全器材的清洁保养	（1）方法：讲授法、演示法、案例教学法 （2）重点：安全通道/楼梯的清洁保养 （3）难点：防火门及安全器材的检查与清洁保养	1
2．客房对客服务	2–1 代办服务	2–1–1 能提供客人委托代办服务	（1）客人委托代办服务项目 （2）客人委托代办服务制度 （3）客人委托代办服务流程	（1）客人委托代办服务	1）客人委托代办服务项目 ①客人代购物品服务 ②客人物品修理服务 ③客人物品递送转交服务 ④客人预订票务等代办服务 2）客人委托代办制度 ①表格登记制度 ②检查收费核定制度 3）客人委托代办服务流程 ①受理客人要求 ②解决客人问题 ③做好善后工作	（1）方法：讲授法、演示法、案例教学法 （2）重点：客人委托代办服务流程 （3）难点：客人委托代办制度	1

续表

2.1.3 四级 / 中级职业技能培训要求				2.2.3 四级 / 中级职业技能培训课程规范			
职业功能模块（模块）	培训内容（课程）	技能目标	培训细目	学习单元	课程内容	培训建议	课堂学时
2．客房对客服务	2-1 代办服务	2-1-2 能提供客人修理物品服务	（1）客人修理物品的受理 （2）客人修理物品的返回	（2）客人修理物品服务	1）客人修理物品的受理	（1）方法：讲授法、演示法、案例教学法 （2）重点与难点：客人修理物品的受理	1
					2）客人修理物品的返回		
		2-1-3 能提供客人递送转交物品服务	（1）客人转交物品服务 （2）客人遗留物品的递送	（3）客人递送转交物品服务	1）客人转交物品服务	（1）方法：讲授法、演示法、案例教学法 （2）重点：客人递送转交物品服务 （3）难点：客人遗留物品的递送	1
					2）客人遗留物品的递送		
	2-2 针对性服务	2-2-1 能提供针对性服务	（1）针对性服务的认知 （2）针对性服务的提供	（1）针对性服务概述	1）针对性服务的概念与意义 ①针对性服务的概念 ②针对性服务的意义	（1）方法：讲授法、案例教学法 （2）重点：针对性服务的要求 （3）难点：针对性服务的依据	1
					2）针对性服务的要求		
					3）针对性服务的依据 ①根据饭店接待要求 ②根据客人情况		
		2-2-2 能为贵宾提供针对性服务	（1）贵宾的划分 （2）贵宾服务操作	（2）贵宾针对性服务	1）贵宾的划分及接待要求 ①贵宾的划分 ②贵宾的接待要求 ③注意事项	（1）方法：讲授法、演示法、案例教学法 （2）重点与难点：贵宾客房服务操作	2
					2）贵宾客房服务操作 ①贵宾入住前 ②贵宾入住时 ③贵宾住店期间 ④贵宾离店 ⑤贵宾离店后善后工作		

续表

2.1.3 四级 / 中级职业技能培训要求				2.2.3 四级 / 中级职业技能培训课程规范			
职业功能模块（模块）	培训内容（课程）	技能目标	培训细目	学习单元	课程内容	培训建议	课堂学时
2．客房对客服务	2-2 针对性服务	2-2-3 能为商务客人提供针对性服务	（1）商务客人客房服务需求分析 （2）商务客人服务操作	（3）商务客人针对性服务	1）商务客人特点及客房服务需求 ①商务客人的特点 ②商务客人客房服务需求 2）商务客人客房服务操作 ①客房布置 ②客房服务 3）商务客人针对性服务实例	（1）方法：讲授法、演示法、案例教学法 （2）重点：商务客人客房服务操作 （3）难点：针对性服务的体现	2
		2-2-4 能为长住客提供针对性服务	（1）长住客客房服务需求分析 （2）长住客客房服务操作	（4）长住客针对性服务	1）长住客的特点及客房服务需求 ①长住客的特点 ②长住客客房服务需求 2）长住客客房服务操作 ①客房布置 ②客房服务 3）长住客针对性服务实例	（1）方法：讲授法、演示法、案例教学法 （2）重点：长住客客房服务操作 （3）难点：针对性服务的体现	2
		2-2-5 能为常客提供针对性服务	（1）常客客房服务需求分析 （2）常客客房服务操作	（5）常客针对性服务	1）常客的特点及客房服务需求 ①常客的特点 ②常客客房服务需求 2）常客客房服务操作 ①客房布置 ②客房服务 3）常客客房针对性服务实例	（1）方法：讲授法、演示法、案例教学法 （2）重点：常客客房服务操作 （3）难点：针对性服务的体现	2

续表

2.1.3 四级 / 中级职业技能培训要求				2.2.3 四级 / 中级职业技能培训课程规范			
职业功能模块（模块）	培训内容（课程）	技能目标	培训细目	学习单元	课程内容	培训建议	课堂学时
2．客房对客服务	2-2 针对性服务	2-2-6 能为亲子家庭提供针对性服务	（1）亲子家庭客房服务需求分析 （2）亲子家庭客房服务操作	（6）亲子家庭客人针对性服务	1）亲子家庭特点及客房服务需求 ①亲子家庭的特点 ②亲子家庭客房服务需求 2）亲子家庭客房服务操作 ①客房布置 ②客房服务 3）亲子家庭客房针对性服务实例	（1）方法：讲授法、演示法、案例教学法 （2）重点：亲子家庭客房服务操作 （3）难点：针对性服务的体现	2
		2-2-7 能为网络订房（OTA）客人提供针对性服务	（1）网络订房（OTA）客人客房服务需求分析 （2）网络订房（OTA）客人客房服务操作	（7）网络订房（OTA）客人针对性服务	1）网络订房（OTA）客人特点及客房服务需求 ①网络订房（OTA）客人的类别 ②网络订房（OTA）客人客房服务需求 ③网络订房（OTA）客人对酒店的影响 2）网络订房（OTA）客人客房服务操作 ①客房布置 ②客房服务 ③客人信息收集与反馈 3）网络订房（OTA）客人客房服务问题处理	（1）方法：讲授法、演示法、案例教学法 （2）重点：网络订房（OTA）客人客房服务操作 （3）难点：网络订房（OTA）客人客房服务问题的处理	2
		2-2-8 能为团队客人提供针对性服务	（1）会议客人客房服务	（8）团队客人针对性服务	1）会议客人客房服务 ①会议客人的特点 ②会议客人客房服务需求 ③会议客人服务操作	（1）方法：讲授法、演示法、案例教学法	2

续表

2.1.3 四级 / 中级职业技能培训要求				2.2.3 四级 / 中级职业技能培训课程规范			
职业功能模块（模块）	培训内容（课程）	技能目标	培训细目	学习单元	课程内容	培训建议	课堂学时
2．客房对客服务	2-2 针对性服务	2-2-8 能为团队客人提供针对性服务	（2）旅游团队客人客房服务	（8）团队客人针对性服务	2）旅游团队客人客房服务 ①旅游团队客人的特点 ②旅游团队客人客房服务需求 ③旅游团队客人客房服务操作	（2）重点：团队客人客房服务操作 （3）难点：团队客人客房服务问题处理	
					3）团队客人客房服务问题处理		
		2-2-9 能为其他类型客人提供针对性服务	（1）外宾客房服务 （2）老年客人客房服务	（9）其他类型客人针对性服务	1）外宾客房服务 ①外宾客房服务需求 ②外宾客房服务注意事项	（1）方法：讲授法、演示法、案例教学法 （2）重点：外宾、老年客人客房服务操作 （3）难点：其他类型客人服务注意事项	2
					2）老年客人客房服务 ①老年客人客房服务需求 ②老年客人客房服务操作 ③老年客人服务注意事项		
		2-2-10 能向有关部门提供客人相关信息	（1）客人信息的收集与反馈 （2）客史档案的建立与利用	（10）客人相关信息的提供	1）客人信息的收集与反馈 ①客人信息的收集 ②客人信息的反馈	（1）方法：讲授法、案例教学法 （2）重点：客史档案的建立与利用 （3）难点：客人信息的收集与反馈	1
					2）客史档案的建立与利用 ①客史档案的建立 ②客史档案的利用		
	2-3 会议布置与服务	2-3-1 能布置20人以内的小型会议室	（1）会议信息核实 （2）小型会议室的布置操作	（1）小型会议室的布置	1）会议种类 ①普通会议 ②会见 ③会谈 ④签字仪式	（1）方法：讲授法、演示法、案例教学法 （2）重点：小型会议室布置操作 （3）难点：不同种类会议台面布置	2
					2）会议信息核实		
					3）小型会议室布置要求 ①会议室布置形式 ②会议台面布置 ③其他事项要求		
					4）小型会议室布置操作		

续表

2.1.3 四级 / 中级职业技能培训要求				2.2.3 四级 / 中级职业技能培训课程规范			
职业功能模块（模块）	培训内容（课程）	技能目标	培训细目	学习单元	课程内容	培训建议	课堂学时
2．客房对客服务	2-3 会议布置与服务	2-3-2 能准备会议所需设备和用品	（1）会议设备的配备 （2）会议用品的配备 （3）会场设备的使用与维护保养	（2）会议设备和用品的准备	1）会议设备与用品 ①会议设备 ②会议用品 2）会场设备的使用与维护保养 ①投影仪的使用与维护保养 ②幕布的使用与维护保养 ③电子显示屏的使用与维护保养 ④计算机的连接与维护保养 ⑤话筒、扩音器的调节使用与维护保养 ⑥其他设备的使用	（1）方法：讲授法、演示法 （2）重点与难点：会场设备的使用与维护保养	1
		2-3-3 能提供会议服务	（1）会议服务礼仪 （2）会议服务操作	（3）会议服务	1）会议服务礼仪 ①会议服务礼仪标准 ②会议服务人员礼仪要求 2）会议服务操作 ①会前准备 ②迎客服务 ③会中服务 ④会后结束工作 3）会议服务注意事项	（1）方法：讲授法、演示法、实训法 （2）重点：会议服务操作 （3）难点：会议服务注意事项	2
		2-3-4 能提供饮品服务	（1）会议饮品准备 （2）会议饮品服务操作	（4）饮品服务	1）会议饮品的准备 2）会议饮品服务操作	（1）方法：讲授法、演示法、实训法 （2）重点与难点：会议饮品服务操作	1
	2-4 特殊情况处理	2-4-1 能处理“请勿打扰”房	（1）“请勿打扰”房信息确认	（1）“请勿打扰”房的处理	1）“请勿打扰”房信息确认 ①常见的“请勿打扰”标识 ②“请勿打扰”房的几种情况	（1）方法：讲授法、演示法、案例教学法	1

续表

2.1.3 四级 / 中级职业技能培训要求				2.2.3 四级 / 中级职业技能培训课程规范			
职业功能模块（模块）	培训内容（课程）	技能目标	培训细目	学习单元	课程内容	培训建议	课堂学时
2. 客房对客服务	2-4 特殊情况处理	2-4-1 能处理“请勿打扰”房	（2）“请勿打扰”房处理流程	（1）“请勿打扰”房的处理	2）“请勿打扰”房的具体处理 ①“请勿打扰”房处理原则 ②“请勿打扰”房处理方法 ③处理“请勿打扰”房处理注意事项 3）特殊情况的处理	（2）重点：“请勿打扰”房的处理方法 （3）难点：特殊情况的处理	
		2-4-2 能处理客人报失事宜	（1）客人报失信息核实 （2）客人报失处理流程	（2）客人报失的处理	1）客人报失类型 ①财物被盗 ②财物遗失或疑似遗失 2）客人报失处理流程 ①财物被盗的处理 ②财物遗失或疑似遗失的处理 3）处理客人报失的注意事项	（1）方法：讲授法、演示法、案例教学法 （2）重点：客人报失处理流程 （3）难点：处理客人报失的注意事项	1
		2-4-3 能处理客人要求开门服务事宜	（1）住店客人要求开门的处理 （2）非住客要求开门的处理	（3）客人要求开门的处理	1）住店客人要求开门的处理 ①住店客人要求开门的处理流程 ②注意事项 2）非住客要求开门的处理 ①非住客要求开门的处理流程 ②注意事项	（1）方法：讲授法、演示法、案例教学法 （2）重点：住店客人要求开门的处理 （3）难点：非住客要求开门的处理	1
		2-4-4 能处理客人携带违禁品事宜	（1）客人携带违禁品的核实 （2）违禁品的处理流程	（4）客人携带违禁品的处理	1）违禁品的种类 ①大功率电器 ②易燃易爆或不明液体 ③针头、疑似毒品 ④管制器械及其他类物品 2）违禁品处理流程 ①处理方法 ②注意事项	（1）方法：讲授法、演示法、案例教学法 （2）重点：违禁品的处理流程 （3）难点：违禁品的种类、违禁品处理注意事项	1

续表

2.1.3 四级 / 中级职业技能培训要求				2.2.3 四级 / 中级职业技能培训课程规范			
职业功能模块（模块）	培训内容（课程）	技能目标	培训细目	学习单元	课程内容	培训建议	课堂学时
2．客房对客服务	2-4 特殊情况处理	2-4-5 能处理客房有赌博、争吵等异常情况	（1）客房有赌博情况的处理 （2）客房有争吵情况的处理 （3）客房门锁等故障的处理 （4）客房保险箱故障的处理	（5）客房异常情况的处理	1）客房异常情况处理方案 2）客房异常情况处理方法 ①客房有赌博情况的处理 ②客房有争吵情况的处理 ③客房门锁故障的处理 ④客房保险箱故障的处理 3）处理客房异常情况的注意事项	（1）方法：讲授法、案例教学法 （2）重点：客房异常情况处理方法 （3）难点：处理客房异常情况的注意事项	1
		2-4-6 能及时报警	（1）报警信息核实 （2）火情报警处理 （3）案情报警处理 （4）爆炸及可疑爆炸物报警处理 （5）其他特殊情况报警处理	（6）客房报警的处理	1）客房报警制度 2）客房报警处理方法 ①火警报警处理 ②案情报警处理 ③爆炸及可疑爆炸物报警处理 ④其他特殊情况报警处理 3）报警注意事项	（1）方法：讲授法、演示法、案例教学法 （2）重点与难点：客房报警处理方法	1
3．客用品管理	3-1 楼层库房管理	3-1-1 能保管楼层库房物品	（1）楼层库房库存条件 （2）楼层库房存储量制定	（1）楼层库房物品保管	1）楼层库房库存要求 ①通风要求 ②间距要求 ③安全管理要求 2）楼层库房区域划分 3）楼层库房物品存放要求 ①布草等客用品的存放 ②清洁器具的存放 4）楼层库房库存量的制定 ①客用消耗用品的库存量 ②客用固定用品的库存量	（1）方法：讲授法、演示法 （2）重点：楼层库房物品存放要求 （3）难点：楼层库房库存量的制定	1

续表

2.1.3 四级 / 中级职业技能培训要求				2.2.3 四级 / 中级职业技能培训课程规范			
职业功能模块（模块）	培训内容（课程）	技能目标	培训细目	学习单元	课程内容	培训建议	课堂学时
3．客用品管理	3-1 楼层库房管理	3-1-2 能进行楼层库房物品盘点工作	（1）楼层库房物品检查 （2）楼层客房物品盘点操作	（2）楼层库房物品盘点	1）物品盘点知识 ①物品盘点的概念 ②物品盘点的周期 ③物品盘点注意事项 2）楼层库房物品盘点操作 3）布草盘点实例	（1）方法：讲授法、演示法 （2）重点：楼层库房物品盘点操作 （3）难点：物品盘点注意事项	1
		3-1-3 能进行楼层库房物品报损工作	（1）库房物品报损确认 （2）库房物品报损程序	（3）物品报损	1）库房物品报损条件 2）库房物品报损程序 ①报损物品确认 ②提出报损申请 ③审批 ④报损物品处理 3）布草报损实例	（1）方法：讲授法、演示法 （2）重点：库房物品报损程序 （3）难点：库房物品报损条件	1
	3-2 客用品配备和领发	3-2-1 能配备客房客用品	（1）客房客用品配备定额 （2）客房客用品的配备操作	（1）客房客用品的配备	1）客房客用品分类 ①按消耗形式分 ②按供应形式分 2）客房客用品的配备标准及摆放要求 ①客房客用品的配备标准 ②客房客用品的摆放要求	（1）方法：讲授法、演示法 （2）重点与难点：客房客用品的配备标准	1
		3-2-2 能领发客房客用品	（1）客房客用品的申领 （2）客房客用品的发放	（2）客房客用品的领发	1）客房客用品领发要求 2）客房客用品的申领 ①提出申领计划 ②填写物品申领单 3）客房客用品的发放 4）常见问题的处理	（1）方法：讲授法、演示法 （2）重点：客房客用品的申领和发放 （3）难点：常见问题的处理	1
课堂学时合计							50

附录 4　三级 / 高级职业技能培训要求与课程规范对照表

<table>
<tr><th colspan="4">2.1.4　三级 / 高级职业技能培训要求</th><th colspan="4">2.2.4　三级 / 高级职业技能培训课程规范</th></tr>
<tr><th>职业功能模块（模块）</th><th>培训内容（课程）</th><th>技能目标</th><th>培训细目</th><th>学习单元</th><th>课程内容</th><th>培训建议</th><th>课堂学时</th></tr>
<tr><td rowspan="10">1. 客房布置</td><td rowspan="7">1-1　贵宾房布置</td><td rowspan="7">能布置与检查贵宾房</td><td rowspan="7">（1）贵宾房的布置
（2）贵客房的检查</td><td rowspan="3">（1）贵宾房布置概述</td><td>1）贵宾的分类</td><td rowspan="3">（1）方法：讲授法、演示法、实训法
（2）重点：贵宾房的布置要求
（3）难点：贵客房检查标准</td><td rowspan="3">2</td></tr>
<tr><td>2）贵宾房的布置要求
①根据贵宾的等级
②根据饭店的接待规格</td></tr>
<tr><td>3）贵客房检查标准
①客房清洁卫生质量检查标准
②客房设备用品检查标准
③鲜花、水果等赠品检查标准
④客房内外环境检查标准</td></tr>
<tr><td rowspan="4">（2）贵宾房布置操作</td><td>1）V1 客房布置
①布置要求
②布置操作</td><td rowspan="4">（1）方法：讲授法、演示法、参观法
（2）重点与难点：贵宾房布置要求</td><td rowspan="4">2</td></tr>
<tr><td>2）V2 客房布置
①布置要求
②布置操作</td></tr>
<tr><td>3）V3 客房布置
①布置要求
②布置操作</td></tr>
<tr><td>4）V4 客房布置
①布置要求
②布置操作</td></tr>
<tr><td rowspan="3">1-2　长包房布置</td><td rowspan="3">1-2-1　能布置公寓长包房</td><td rowspan="3">（1）公寓长住客需求分析
（2）公寓长包房布置</td><td rowspan="3">（1）公寓长包房布置</td><td>1）公寓长住客需求分析</td><td rowspan="3">（1）方法：讲授法、演示法、案例教学法
（2）重点：公寓长包房的布置操作
（3）难点：公寓长住客需求分析</td><td rowspan="3">1</td></tr>
<tr><td>2）公寓长包房的布置要求
①客房卧室布置
②客房卫生间布置
③客房厨房布置</td></tr>
<tr><td>3）公寓长包房布置操作</td></tr>
</table>

续表

2.1.4 三级 / 高级职业技能培训要求				2.2.4 三级 / 高级职业技能培训课程规范			
职业功能模块（模块）	培训内容（课程）	技能目标	培训细目	学习单元	课程内容	培训建议	课堂学时
1．客房布置	1-2 长包房布置	1-2-2 能布置办公长包房	（1）办公长住客需求分析 （2）办公长包房布置	（2）办公长包房布置	1）办公长住客需求分析 2）办公长包房的布置操作 ①客房办公区的布置 ②其他区域的布置 3）办公长包房布置操作	（1）方法：讲授法、演示法、案例教学法 （2）重点：办公长包房的布置操作 （3）难点：办公长住客需求分析	1
	1-3 特色客房布置	1-3-1 能向客人介绍特色客房	（1）客房特色的把握 （2）特色客房介绍	（1）特色客房的介绍	1）特色客房的类型 ①主题客房 ②智能客房 ③女性客房 ④儿童客房 ⑤其他特色客房 2）特色客房的布置要求 3）特色客房的介绍	（1）方法：讲授法、项目教学法、情景表演法 （2）重点与难点：特色客房的介绍	1
		1-3-2 能布置婚房	婚房布置	（2）婚房的布置	1）婚房布置要求 2）婚房布置内容 ①客房卧室布置 ②客房卫生间布置 ③喜字张贴 3）婚房布置操作	（1）方法：讲授法、演示法、实训法 （2）重点：婚房布置内容 （3）难点：婚房喜庆特色的体现	1
		1-3-3 能布置女性客房	（1）女性客房需求分析 （2）女性客房布置操作	（3）女性客房的布置	1）女性客房需求分析 2）女性客房布置要求 3）女性客房布置内容 ①卧室布置 ②卫生间布置 4）女性客房布置操作	（1）方法：讲授法、演示法、实训法 （2）重点：女性客房布置内容 （3）难点：女性客房需求分析	1

续表

2.1.4 三级 / 高级职业技能培训要求				2.2.4 三级 / 高级职业技能培训课程规范			
职业功能模块（模块）	培训内容（课程）	技能目标	培训细目	学习单元	课程内容	培训建议	课堂学时
1. 客房布置	1-3 特色客房布置	1-3-4 能布置儿童客房	(1) 儿童客房需求分析 (2) 儿童客房布置操作	(4) 儿童客房的布置	1) 儿童客房需求分析 2) 儿童客房布置要求 3) 儿童客房布置内容 ①卧室布置 ②卫生间布置 ③儿童角布置 4) 儿童客房布置操作	(1) 方法：讲授法、演示法、案例教学法 (2) 重点：儿童客房布置内容 (3) 难点：儿童客房的布置要求	2
2. 客房对客服务	2-1 专属客房与管家服务	2-1-1 能准备专属客房	(1) 客人信息的了解 (2) 专属客房的布置	(1) 专属客房	1) 专属客房的概念 2) 专属客房的布置 ①客人信息的了解 ②个性化服务用品的准备 ③客房鲜花、水果等布置 ④专属客房的检查	(1) 方法：讲授法、演示法、实训法 (2) 重点：专属客房的布置 (3) 难点：专属客房的概念	2
		2-1-2 能提供管家服务	(1) 管家迎客服务 (2) 管家住店服务	(2) 管家服务	1) 管家服务概述 ①管家服务的由来 ②管家服务的要求 ③管家服务的项目 2) 管家迎客服务 ①楼层迎客服务 ②欢迎茶服务 3) 管家住店服务 ①客房小整理服务 ②当日报纸服务 ③人工叫醒、开夜床等服务 4) 管家送客服务 ①客人意见征求 ②行李服务 ③楼层送客服务	(1) 方法：讲授法、演示法、案例教学法 (2) 重点：管家迎客服务、管家住店服务、管家送客服务	4

续表

2.1.4 三级 / 高级职业技能培训要求				2.2.4 三级 / 高级职业技能培训课程规范			
职业功能模块（模块）	培训内容（课程）	技能目标	培训细目	学习单元	课程内容	培训建议	课堂学时
2．客房对客服务	2-1 专属客房与管家服务	2-1-2 能提供管家服务	（3）管家送客服务	（2）管家服务	5）管家服务日志 ①管家服务日志内容 ②管家服务日志记录要求	（3）难点：管家客史档案管理	
					6）管家客史档案管理 ①管家服务信息的收集 ②管家服务信息的整理		
	2-2 特殊客人服务	2-2-1 能提供残障客人服务	（1）残障客人客房服务需求分析 （2）残障客人客房服务操作	（1）残障客人的服务	1）残障客人客房服务需求分析 ①残障客人心理分析 ②残障客人客房服务要求	（1）方法：讲授法、演示法、案例教学法 （2）重点：残障客人客房服务操作 （3）难点：残障客人客房服务需求分析	1
					2）残障客人客房服务操作 ①客房布置 ②客房服务 ③服务注意事项		
					3）残障客人服务实例		
		2-2-2 能提供伤病客人服务	（1）受伤客人的服务 （2）生病客人的服务	（2）伤病客人的服务	1）受伤客人的服务 ①受伤客人的服务要求 ②服务注意事项	（1）方法：讲授法、演示法、案例教学法 （2）重点：伤病客人的服务要求 （3）难点：服务伤病客人的注意事项	1
					2）生病客人的服务 ①生病客人的服务要求 ②服务注意事项		
					3）特殊病况客人的服务 ①特殊病况客人的服务要求 ②服务注意事项		
					4）伤病客人服务实例		

续表

2.1.4 三级 / 高级职业技能培训要求				2.2.4 三级 / 高级职业技能培训课程规范			
职业功能模块（模块）	培训内容（课程）	技能目标	培训细目	学习单元	课程内容	培训建议	课堂学时
2．客房对客服务	2-2 特殊客人服务	2-2-3 能提供醉酒客人服务	（1）客人醉酒的分类 （2）醉酒客人服务操作	（3）醉酒客人的服务	1）客人醉酒的分类	（1）方法：讲授法、演示法、案例教学法 （2）重点：醉酒客人的服务要求与服务操作 （3）难点：服务醉酒客人的注意事项	1
					2）醉酒客人的服务要求与服务操作 ①轻度醉酒客人 ②重度醉酒客人		
					3）服务醉酒客人的注意事项		
					4）醉酒客人服务实例		
		2-2-4 能向相关部门提供特殊客人信息	（1）特殊客人信息的收集 （2）特殊客人信息的报告	（4）特殊客人信息提供	1）特殊客人信息的收集 ①基本情况 ②特别需求 ③其他情况	（1）方法：讲授法、案例教学法 （2）重点：特殊客人信息的收集 （3）难点：特殊客人信息的反馈	1
					2）特殊客人信息的报告 ①特殊客人信息的上报 ②特殊客人信息的反馈		
	2-3 疑难问题处理	2-3-1 能受理客人投诉	（1）客人投诉心理分析 （2）客房常见投诉问题分析 （3）客人投诉的处理	（1）客人投诉的受理	1）客人投诉心理分析 ①求宣泄心理 ②求补偿心理 ③求尊重心理	（1）方法：讲授法、案例教学法、项目教学法 （2）重点：客人投诉的处理 （3）难点：客人投诉心理分析	2
					2）客房常见投诉问题分析 ①客房设备设施问题 ②客房清洁卫生问题 ③员工服务态度与效率问题 ④服务效率问题 ⑤其他问题		
					3）客人投诉的处理 ①客人投诉处理原则 ②客人投诉处理方法 ③客人投诉处理实例		

续表

2.1.4 三级 / 高级职业技能培训要求				2.2.4 三级 / 高级职业技能培训课程规范			
职业功能模块（模块）	培训内容（课程）	技能目标	培训细目	学习单元	课程内容	培训建议	课堂学时
2．客房对客服务	2-3 疑难问题处理	2-3-2 能受理损坏物品事宜	（1）客人损坏客房物品的处理 （2）员工损坏客人物品的处理	（2）物品损坏事宜的处理	1）客人损坏客房物品的处理 ①处理程序 ②注意事项 2）员工损坏客人物品的处理 ①处理程序 ②注意事项	（1）方法：讲授法、案例教学法 （2）重点：客人损坏客房物品的处理 （3）难点：员工损坏客人物品的处理	1
		2-3-3 能处理房态差异等情况	（1）客房状态的检查核实 （2）差异房的处理 （3）无行李房的处理 （4）外宿房的处理	（3）客房状态差异等情况的处理	1）客房状态的检查核实 2）差异房的处理 ①差异房情况分析 ②差异房的处理程序 3）无行李房的处理 ①无行李房情况分析 ②无行李房的处理程序 ③注意事项 4）外宿房的处理 ①外宿房情况分析 ②外宿房的处理程序 ③注意事项	（1）方法：讲授法、案例教学法 （2）重点：差异房的处理 （3）难点：客房状态的检查核实	1
		2-3-4 能对突发事件采取有效措施	（1）停电、停水的应急处理 （2）电梯故障服务 （3）水管漏水、爆裂的应急处理 （4）玻璃爆裂的应急处理 （5）打架、斗殴等突发事件的应急处理	（4）突发事件的处理	1）停电、停水的应急处理 ①停电的应急处理 ②停水的应急处理 2）电梯故障服务 3）玻璃爆裂的应急处理 4）水管漏水、爆裂的应急处理 ①水管漏水的应急处理 ②水管爆裂的应急处理 5）打架、斗殴等突发事件的应急处理 6）处理突发事件的注意事项	（1）方法：讲授法、演示法、案例教学法 （2）重点：突发事件的处理 （3）难点：处理突发事件的注意事项	1

续表

<table>
<tr><th colspan="4">2.1.4　三级 / 高级职业技能培训要求</th><th colspan="4">2.2.4　三级 / 高级职业技能培训课程规范</th></tr>
<tr><th>职业功能模块（模块）</th><th>培训内容（课程）</th><th>技能目标</th><th>培训细目</th><th>学习单元</th><th>课程内容</th><th>培训建议</th><th>课堂学时</th></tr>
<tr><td rowspan="9">3．客房楼面管理</td><td rowspan="9">3-1　客房检查督导</td><td rowspan="5">3-1-1　能检查客房清洁保养质量</td><td rowspan="5">（1）客房清洁保养质量标准
（2）客房清洁保养质量检查操作</td><td rowspan="5">（1）客房清洁保养质量检查</td><td>1）客房清洁保养质量标准
①感官标准
②生化标准
③微小气候标准</td><td rowspan="5">（1）方法：讲授法、演示法、实训法
（2）重点与难点：客房清洁保养质量检查操作</td><td rowspan="5">4</td></tr>
<tr><td>2）查房的程序与方法
①查房的程序
②查房的方法</td></tr>
<tr><td>3）客房清洁保养质量检查操作</td></tr>
<tr><td>4）返工房及检查
①客房返工的原因
②返工房的再检查</td></tr>
<tr><td>5）客房清洁服务外包
①客房清洁服务外包的概念
②客房清洁服务外包的质量控制</td></tr>
<tr><td rowspan="4">3-1-2　能进行现场督导</td><td rowspan="4">（1）现场督导检查</td><td rowspan="4">（2）现场督导管理</td><td>1）现场督导的意义</td><td rowspan="4">（1）方法：讲授法、演示法、案例教学法
（2）重点：现场督导检查方法与技巧</td><td rowspan="4">4</td></tr>
<tr><td>2）现场督导的内容
①工作状态
②劳动纪律
③操作规范
④工作进程
⑤质量效果</td></tr>
<tr><td>3）现场督导的关键点
①服务的关键部位
②服务的薄弱环节
③客人关注的服务需求
④客人的敏感点</td></tr>
<tr><td>4）现场督导检查方法与技巧
①巡视检查
②巡视观察</td></tr>
</table>

续表

2.1.4　三级 / 高级职业技能培训要求				2.2.4　三级 / 高级职业技能培训课程规范			
职业功能模块（模块）	培训内容（课程）	技能目标	培训细目	学习单元	课程内容	培训建议	课堂学时
3．客房楼面管理	3-1　客房检查督导	3-1-2　能进行现场督导	（2）现场示范指导	（2）现场督导管理	5）现场示范指导方法与技巧 ①现场示范 ②及时指导 ③偏差纠正	（3）难点：现场示范指导方法与技巧	
					6）现场督导工具的运用 ①检查表单的设计 ②检查表单的运用		
	3-2　客房物资管理	3-2-1　能管理客房设备	（1）客房设备的资产管理 （2）客房设备的日常管理	（1）客房设备管理	1）客房物资的分类 ①客房固定资产 ②客用固定用品 ③客用消耗用品	（1）方法：讲授法、演示法、案例教学法 （2）重点：客房设备的日常管理 （3）难点：客房设备的资产管理	2
					2）客房设备的资产管理 ①账卡的建立 ②客房设备历史档案的建立 ③客房设备维修档案的建立 ④客房设备的盘点制度		
					3）客房设备的日常管理 ①客房设备的保养制度 ②客房设备的日常检查 ③客房设备的报修		
		3-2-2　能管理客房客用品	（1）客房客用品的定额管理	（2）客房客用品管理	1）客房客用品管理制度与方法 ①客房客用品管理制度 ②客房客用品管理方法	（1）方法：讲授法、案例教学法、项目教学法 （2）重点：客房客用品的日常管理	2
					2）客房客用品的定额管理 ①客用消耗用品的定额管理 ②客用固定用品的定额管理		

续表

2.1.4 三级 / 高级职业技能培训要求				2.2.4 三级 / 高级职业技能培训课程规范			
职业功能模块（模块）	培训内容（课程）	技能目标	培训细目	学习单元	课程内容	培训建议	课堂学时
3．客房楼面管理	3-2 客房物资管理	3-2-2 能管理客房客用品	（2）客房客用品的日常管理	（2）客房客用品管理	3）客房客用品的日常管理 ①客房客用品的管理制度 ②客用消耗用品消耗控制 ③客用固定用品损耗控制	（3）难点：客房客用品的定额管理	
					4）布草管理实例 ①布草的配备 ②布草的收发管理 ③布草的使用管理 ④布草的报损管理 ⑤报损布草的再利用		
	3-3 员工培训	3-3-1 能制订四级 / 中级工及以下级别人员培训计划	(1) 五级 / 初级工培训计划的制订 (2) 四级 / 中级工培训计划的制订	（1）培训计划的制订	1）培训的分类 ①岗前培训 ②在职培训 ③发展培训 ④交叉培训	（1）方法：讲授法、讨论法、项目教学法 （2）重点：岗前培训计划的制订 （3）难点：四级 / 中级工及以下级别人员岗位工作分析与培训需求分析	2
					2）五级 / 初级工培训计划的制订 ①五级 / 初级工岗位工作分析 ②岗前培训计划的制订		
					3）四级 / 中级工培训计划的制订 ①四级 / 中级工培训需求分析 ②培训计划制订实例		
		3-3-2 能编写四级 / 中级工及以下级别人员培训方案	（1）培训方案组成要素分析	（2）培训方案的编写	1）培训方案组成要素分析 ①培训目的与对象 ②培训内容 ③培训教师 ④培训方法 ⑤培训日期与时间 ⑥培训场所与设备 ⑦培训考评及跟踪反馈	（1）方法：讲授法、讨论法、项目教学法	2

续表

2.1.4 三级 / 高级职业技能培训要求				2.2.4 三级 / 高级职业技能培训课程规范			
职业功能模块（模块）	培训内容（课程）	技能目标	培训细目	学习单元	课程内容	培训建议	课堂学时
3．客房楼面管理	3-3 员工培训	3-3-2 能编写四级 / 中级工及以下级别人员培训方案	(2) 四级 / 中级工及以下级别人员培训方案编写	(2) 培训方案的编写	2) 四级 / 中级工及以下级别人员培训培方案编写 ①岗前培训方案的编写 ②在职培训方案的编写	(2) 重点与难点：四级 / 中级工及以下级别人员培训方案编写	
		3-3-3 能进行四级 / 中级工及以下级别人员专业理论培训	(1) 培训教案的编写 (2) 四级 / 中级工及以下级别人员专业理论培训的实施	(3) 专业理论培训的实施	1) 理论培训的方法与技巧 ①课堂讲授 ②案例分析 ③小组讨论 ④多媒体等教学方法 2) 培训教案的编写 ①确定课题 ②拟定大纲 ③编写教案 ④制作 PPT 等多媒体资料 ⑤客房服务员专业理论培训教案实例 3) 专业理论培训实施的过程 ①课前准备（教案、场地、设备用品等） ②课堂授课 ③课后评估反馈 4) 四级 / 中级及以下客房服务员专业理论培训实例	(1) 方法：讲授法、演示法、项目教学法 (2) 重点：专业理论培训实施的过程 (3) 难点：培训教案的编写	4
		3-3-4 能进行四级 / 中级工及以下级别人员专业技能培训	(1) 技能指导书的编写	(4) 专业技能培训的实施	1) 技能培训方法与技巧 ①示范演练 ②分步讲解 ③学员练习 ④现场指导	(1) 方法：讲授法、演示法、项目教学法	4

续表

2.1.4 三级 / 高级职业技能培训要求				2.2.4 三级 / 高级职业技能培训课程规范			
职业功能模块（模块）	培训内容（课程）	技能目标	培训细目	学习单元	课程内容	培训建议	课堂学时
3．客房楼面管理	3-3 员工培训	3-3-4 能进行四级 / 中级工及以下级别人员专业技能培训	(2) 四级 / 中级工及以下级别人员专业技能培训的实施	（4）专业技能培训的实施	2）技能指导书编写 ①技能要求 ②技能训练步骤 ③技能培训考核方法	（2）重点：专业技能培训实施的过程 （3）难点：技能培训方法的运用	
					3）专业技能培训实施的过程 ①课前准备（场地、设备用品等） ②课堂技能练习训练 ③课后技能考核评估		
					4）客房服务员岗前技能培训实例		
课堂学时合计							50